中国与白俄罗斯高质量共建"一带一路"研究

杨青 著

China-Belarus High-Quality

Belt and Road Cooperation

A Qualitative Study on
Joint Development

社会科学文献出版社
SOCIAL SCIENCES ACADEMIC PRESS (CHINA)

目　录

第一章
"一带一路"倡议构建新型全球化合作模式

中国与白俄罗斯高质量共建"一带一路"是中国"一带一路"倡议提出与逐渐发展落地大背景下的一部分，也是其中一个优秀的案例。

"一带一路"（The Belt and Road，B&R）是"丝绸之路经济带"和"21世纪海上丝绸之路"的合并简称。"一带一路"倡议是合作发展的理念和倡议，它依靠中国与有关国家既有的双多边机制，陆续推出基建、交通的互联互通和贸易投资的便利化措施。同时，它依赖"丝绸之路"经济、人文、商贸的千年传承，并赋予其新的合作意义。

本书以"一带一路"倡议下中国与白俄罗斯关系全方位发展为研究对象，以"总-分-总"结构，从理论构建到实证分析展开研究。全书共六章，第一章是总章，打开"一带一路"倡议提出和实施的恢宏画面，论述其国际贡献、影响和意义。第六章是总结，呈现了中白共建"一带一路"的成就，即对其未来发展的"三维保障体系"。中间四章为主体内容，在"对象-过程-项目-人文"的框架下前后与第一章和第六章对接，从中国与白俄罗斯关系发展的过程、中白关系和经济合作的经典项目和中白两国人文合作交流的深入开展等方面全方位论述两国关系的不断递进发展。通过"对象-过程-项目-人文"四级对接体系，本书系统分析了中白两国在政策沟通、设施联通、贸易畅通、资金融通、民心相通等领域的合作实践。

第一节 "一带一路"倡议的提出和基本思路

"一带一路"倡议自 2013 年提出以来已成为全球合作的重要平台。它有助于通过加强共建国家的经济合作与文化交流,推动经济全球化朝着更加开放、包容、普惠、平衡、共赢的方向发展。

一 倡议的提出

2008 年的美国次贷危机引发全球连锁反应,全球经济面临诸多挑战,如经济增长放缓、贸易保护主义抬头、地缘政治风险加剧等。这些挑战对全球经济的稳定与发展构成了严重威胁,在经济缓慢复苏的大背景下,加强区域合作成为推动世界经济发展的重要动力,并成为一种趋势。进入 21 世纪第二个十年,国际金融危机深层次影响继续显现,世界经济缓慢复苏、发展分化,国际投资贸易格局和多边投资贸易规则酝酿深刻调整,各国面临的发展问题依然严峻;同时,随着新兴市场的崛起和发展中国家经济实力的增强,国际合作的重要性日益凸显。"一带一路"倡议旨在通过加强共建国家的经济合作,共同应对全球性挑战,实现共同发展。

2013 年 9 月和 10 月,中国国家主席习近平在出访中亚和东南亚国家期间,先后提出共建"丝绸之路经济带"和"21 世纪海上丝绸之路"的倡议构想,得到了国际社会的高度关注和有关国家的积极响应。

2016 年 9 月第 71 届联合国大会决议欢迎"一带一路"等经济合作倡议,呼吁国际社会为"一带一路"建设提供安全保障环境。① 在 2016 年 12

---

① 中国一带一路网. "一带一路"倡议首次写入联合国大会决议——得到国际社会广泛支持 [EB/OL]. (2016-11-17) [2024-03-19]. https://www.yidaiyilu.gov.cn/p/102549.html.

月 16 日"一带一路"国际日时,全球留学生志愿者举行庆祝活动,联合国总部降旗以示支持。

共建"一带一路"顺应世界多极化、经济全球化、文化多样化、社会信息化的潮流,秉持开放的区域合作精神,致力于维护全球自由贸易体系和开放型世界经济。它旨在促进经济要素有序自由流动、资源高效配置和市场深度融合,推动共建各国实现经济政策协调,开展更大范围、更高水平、更深层次的区域合作,共同打造开放、包容、均衡、普惠的区域经济合作架构。共建"一带一路"致力于亚欧非大陆及附近海洋的互联互通,建立和加强共建各国互联互通伙伴关系,构建全方位、多层次、复合型的互联互通网络,实现共建各国多元、自主、平衡、可持续的发展。"一带一路"的互联互通项目旨在推动共建各国发展战略的对接与耦合,发掘区域内市场的潜力,促进投资和消费,创造需求和就业,增进共建各国人民的人文交流与文明互鉴,让各国人民相逢相知、互信互敬,共享和谐、安宁、富裕的生活。

中国经济和世界经济高度关联,中国坚持对外开放的基本国策,构建全方位开放新格局,深度融入世界经济体系。推进"一带一路"建设既是中国扩大和深化对外开放的需要,也是加强和亚欧非及世界各国互利合作的需要,中国政府表示愿意在力所能及的范围内承担更多责任义务,为人类和平发展做出更大的贡献。①

二 历史渊源

"一带一路"倡议与古代丝绸之路有着密切的历史联系和传承,同时又是在中国 20 世纪 70 年代末改革开放和 2000 年加入 WTO 基础上进一步融入世界的延展。

古代丝绸之路是起始于中国,连接亚洲、非洲和欧洲的古代陆上商业贸易路线,最初的作用是运输中国产出的丝绸、瓷器等商品,后来成为东方与

---

① 新华网.授权发布:推动共建丝绸之路经济带和 21 世纪海上丝绸之路的愿景与行动［EB/OL］.(2015-03-28)［2024-03-09］.http：//www.xinhuanet.com/world/2015-03/28/c_1114793986.htm.

西方之间在经济、政治、文化等诸多方面进行交流的主要通道。

　　1877 年，德国地理学家李希霍芬在其著作《中国——亲身旅行和据此所作研究的成果》一书中，把公元前 114 年至公元 127 年中国与中亚、中国与印度间以丝绸贸易为媒介的这条西域交通道路命名为"丝绸之路"，这一名词很快被学术界和大众所接受，并正式运用。① 其后，德国地理学家赫尔曼在 20 世纪初出版的《中国与叙利亚之间的古代丝绸之路》（*The Ancient Silk Road between China and Syria*）一书中，根据新发现的文物考古资料，进一步把丝绸之路延伸到地中海西岸和小亚细亚，确定了丝绸之路的基本内涵，即它是中国古代经过中亚通往南亚、西亚以及欧洲、北非的陆上贸易交往的通道。②

　　丝绸之路在运输方式上，主要分为陆上丝绸之路和海上丝绸之路。陆上丝绸之路，是指西汉时期汉武帝派张骞出使西域开辟的以首都长安（今西安）为起点，经凉州、酒泉、瓜州、敦煌、新疆、中亚一些国家、阿富汗、伊朗、伊拉克、叙利亚等而达地中海，以罗马为终点的陆上贸易交往通道。这条路被认为是亚欧大陆的古代东西方文明的连接之路、交汇之路，丝绸则是该路上运输的最具代表性的货物。海上丝绸之路，是指秦汉时期开始的古代中国与世界其他地区进行经济文化交流交往的海上通道。它从广州、泉州、宁波、扬州等中国沿海城市出发，从南洋到阿拉伯海，甚至远达非洲东海岸。

　　陆上丝绸之路和海上丝绸之路共同构成了中国古代与欧亚国家交通、贸易和文化交往的大通道，促进了东西方人民的友好交往和文明交流。随着时代的发展，丝绸之路成为中国与西方政治经济文化往来通道的统称。除了"陆上丝绸之路"和"海上丝绸之路"，还有北向蒙古高原，之后又西行天山北麓进入中亚的"草原丝绸之路"等。

---

① 　北京日报．寻找大月氏：它曾是中国西部的霸主［EB/OL］．（2017-10-17）［2024-03-09］．https：//culture. china. com/11170623/20171017/31581244_2. html.

② 　光明网．"一带一路"在德国故事多［EB/OL］．（2018-01-11）［2024-03-19］．https：//news. gmw. cn/2018-01/11/content_27320548. htm.

1978 年开始的改革开放是中国经济和社会发展的一个关键转折点，旨在发展市场经济，吸引外国投资，并使中国融入全球经济。通过一系列改革，中国经济从计划经济向市场经济转型，实现了经济快速增长、工业化和脱贫。"一带一路"倡议建立在中国改革开放的基础上，进一步促进参与国之间的基础设施发展、贸易和投资合作以及人文交流。通过投资基础设施项目，如港口、铁路和能源设施，中国寻求加强"一带一路"的连通性和贸易便利化，从而促进经济增长和地区一体化。"一带一路"倡议为中国企业提供了新的机会，扩大了其在国际市场上的存在空间，并使其收入来源多样化。通过参与"一带一路"项目，中国企业可以获得海外运营、技术转让和项目管理方面的宝贵经验，有助于增强其长期竞争力和创新能力。

"一带一路"也与中国促进多边主义、促进地区稳定和加强全球合作的更广泛外交政策目标相一致。通过与共建"一带一路"国家接触，中国旨在促进相关国家间的相互理解和信任；通过文化交流、教育项目和民间倡议，"一带一路"寻求深化文化联系，加强经济发展以外领域的合作。

总之，"一带一路"倡议的名称和思路来源于中国古代丝绸之路的历史实践。在新的历史时期，沿着陆上和海上"古丝绸之路"构建经济大走廊，将给共建国家或地区带来共同的发展机会，拓展更加广阔的发展空间。

三 定位与图景

丝绸之路经济带倡议涵盖东南亚经济整合、东北亚经济整合，并最终融合在一起通向欧洲，形成欧亚大陆经济整合的大趋势。21 世纪海上丝绸之路倡议从海上连通欧亚非三个大陆，与丝绸之路经济带倡议形成一个海上、陆地的闭环。其中，丝绸之路经济带圈定新疆、重庆、陕西、甘肃、宁夏、青海、内蒙古、黑龙江、吉林、辽宁、广西、云南、西藏 13 省（自治区、直辖市），21 世纪海上丝绸之路圈定上海、福建、广东、浙江、海南 5 省（直辖市），两者共计 18 个省（自治区、直辖市）。

"丝绸之路经济带"和"21 世纪海上丝绸之路"的重大倡议规划勾画了美好的丝路图景。

（一）因地分层对各地区进行定位

两个核心区。2015 年《推动共建丝绸之路经济带和 21 世纪海上丝绸之路的愿景与行动》（以下简称《愿景与行动》）提出了两个核心区：新疆维吾尔自治区和福建省。发挥新疆独特的区位优势和向西开放的重要窗口作用，深化与中亚、南亚、西亚等国家交流合作，形成丝绸之路经济带重要的交通枢纽、商贸物流和文化科教中心，打造丝绸之路经济带核心区；同时，利用长三角、珠三角、海峡西岸、环渤海等经济区开放程度高、经济实力强、辐射带动作用大的优势，加快推进中国（上海）自由贸易试验区建设，支持福建建设 21 世纪海上丝绸之路核心区。

东南沿海方向。充分发挥深圳前海、广州南沙、珠海横琴、福建平潭等开放合作区作用，深化与港澳台合作，打造粤港澳大湾区。推进浙江海洋经济发展示范区、福建海峡蓝色经济试验区和舟山群岛新区建设，加大海南国际旅游岛开发开放力度。加强上海、天津、宁波-舟山、广州、深圳、湛江、汕头、青岛、烟台、大连、福州、厦门、泉州、海口、三亚等沿海城市港口建设，强化上海、广州等国际枢纽机场功能。对沿海诸市的定位是：加强沿海城市港口建设，强化国际枢纽机场功能。① 同时，香港将聚焦金融与投资、基础设施与航运、经贸交流与合作、民心相通、推动粤港澳大湾区建设、加强对接合作与争议解决服务等，支持有关方面利用好香港平台，为"一带一路"建设提供多元化融资渠道。发挥香港作为全球离岸人民币业务枢纽的地位，推进人民币国际化，并推动基于香港平台发展绿色债券市场；中央支持澳门利用区位优势和自由港地位，在"一带一路"建设相关经贸规则制定方面发挥独特作用，打造 21 世纪海上丝绸之路重要的交通枢纽和贸易物流中心；支持澳门参与区域贸易协定和其他非主权性质的国际专业组织；支持澳门发挥与葡语国家的传统联系优势，充分发挥"中葡中小企业商贸服务中心"等作用。②

---

① 新华丝路. 21 世纪海上丝绸之路各地的定位是什么？［EB/OL］.（2017-10-30）［2024-03-19］. https：//www.imsilkroad.com/news/p/66895.html.

② 中国新闻网. 香港澳门积极参与和助力"一带一路"建设［EB/OL］.（2019-03-20）［2024-03-19］. https：//www.rmzxb.com.cn/c/2019-03-20/2314689.shtml.

东北和广大内陆方向。对内蒙古、黑龙江、吉林、辽宁、北京的定位是：建设向东北亚开放的重要窗口；长吉图开发开放先导区是东北亚的核心区域；陕西、甘肃、宁夏、青海四地是形成面向中亚、南亚、西亚国家的通道、商贸物流枢纽、重要产业和人文交流基地；广西是 21 世纪海上丝绸之路与丝绸之路经济带有机衔接的重要门户，云南是面向南亚、东南亚的辐射中心，把重庆打造成西部开发开放重要支撑，而郑州、武汉、长沙、成都、南昌、合肥等则为内陆开放型经济高地。此外，《愿景与行动》还明确了其他相关区域的功能定位。①

《愿景与行动》旨在以扩大开放倒逼深层次改革，创新开放型经济体制机制，加大科技创新力度，形成国内各地区或省份参与和引领国际合作竞争的新优势。

（二）形成的丝路新图景

基于以上定位，在各地区不同特点和优势基础上规划和实施"丝绸之路经济带"和"21 世纪海上丝绸之路"，由陆路和海路延展出以下五条丝路新图景线路。

（1）北线 A：北美洲（美国，加拿大）—北太平洋—日本、韩国—日本海—符拉迪沃斯托克（海参崴，扎鲁比诺港，斯拉夫扬卡等）—珲春—延吉—吉林—长春（长吉图开发开放先导区）—蒙古国—俄罗斯—欧洲（北欧，中欧，东欧，西欧，南欧）。②

（2）北线 B：北京—俄罗斯—白俄罗斯—德国—北欧。

（3）中线：北京—郑州—西安—乌鲁木齐—阿富汗—哈萨克斯坦—匈

---

① 人民网."一带一路"最终圈定 18 省 福建和新疆成核心区［EB/OL］.（2015-03-28）［2024-03-19］. https：//baike. baidu. com/reference/13132427/533aYdO6cr3_z3kATKfYxP34 MHnEY9X5tr2HVeZzzqIP0XOpToSrSo098Ns6sPRoGUXIvtdsL4RFx73lCkhH5uhDcug1QbwmgHT7U DPLyrfj4YF1x40.

② 人民网.14 边境合作助力"一带一路"建设（国际论坛）［EB/OL］.（2014-12-29）［2024-03-19］. https：//baike. baidu. com/reference/13132427/533aYdO6cr3_z3kATPWPyvyh YCqRYtust7PTBLpzzqIP0XOpTofrW4Yx5Zkv-_h3GA6Fs5dvLtUb2eblCEtE6ugRc-88XeYjnXb7Tj HEy7bv-towhIkA_tY.

牙利—巴黎。

（4）南线：泉州—福州—广州—海口—北海—河内—吉隆坡—雅加达—科伦坡—加尔各答—内罗毕—雅典—威尼斯。[①]

（5）中心线：连云港—郑州—西安—兰州—新疆—中亚—欧洲。[②]

四 倡议的具体内容

"一带一路"建设的总体思路是：秉持和平合作、开放包容、互学互鉴、互利共赢的理念，以"五通"即政策沟通、设施联通、贸易畅通、资金融通、民心相通为主要内容，全方位推进务实合作，打造政治互信、经济融合、文化包容的利益共同体、命运共同体和责任共同体。[③]

"一带一路"建设遵循以下基本原则：恪守《联合国宪章》的宗旨和原则，遵守和平共处五项原则，即尊重各国主权和领土完整、互不侵犯、互不干涉内政、和平共处、平等互利，秉持共商、共建、共享原则。它扩大了中国与世界的经济交往，促进了全球范围内的互联互通与合作。"一带一路"不仅增补了中国国内的发展目标，也反映了中国作为致力于促进包容性增长和可持续发展的负责任的全球参与者的作用日益增强。通过"一带一路"和中国改革开放政策之间的协同作用，中国可以进一步增强经济影响力，并为一个更加相互关联和繁荣的世界做出贡献。

"一带一路"建设还坚持开放合作、和谐包容、市场运作和互利共赢。"一带一路"相关的国家基于但不限于古代丝绸之路的范围，各国和国际、地区组织均可参与，让共建成果惠及更广泛的区域；倡导文明宽

---

① 中国青年网."一带一路"汽车产业对外开放年度词语［EB/OL］.（2014-12-29）［2024-03-19］. https://baike.baidu.com/reference/13132427/533aYdO6cr3 _ z3kATPXemK73MXySMI 6l6LPQALRzzqIP0XOpSZvxVcYr78Ir9rlkGkSZ4Mk2L4dHxLHlAkhN6_cSb65tBuh-.

② 洛阳市人民政府外事办公室.一带一路：国家级顶层战略［EB/OL］.（2018-01-02）［2024-03-19］. https://baike.baidu.com/reference/13132427/533aYdO6cr3 _ z3kATPSP yfmlM37EZNj6t-DQVuRzzqIP0XOpX5nyFIQr98Y9sPBoAkXIvtd4Y9ASheClTVUFtrcfKLk4QbIq.

③ 新华社.授权发布：推动共建丝绸之路经济带和21世纪海上丝绸之路的愿景与行动［EB/OL］.（2015-03-28）［2024-03-19］. http://www.xinhuanet.com/world/2015-03/28/c_1114793986.htm.

容，尊重各国发展道路和模式的选择，加强不同文明之间的对话，求同存异、兼容并蓄、和平共处、共生共荣；遵循市场规律和国际通行规则，充分发挥市场在资源配置中的决定性作用和各类企业的主体作用，同时发挥好政府的作用；兼顾各方利益和关切，寻求利益契合点和合作最大公约数，体现各方智慧和创意，各施所长，各尽所能，把各方优势和潜力充分发挥出来。[①]

"一带一路"倡议旨在通过促进基础设施建设、贸易便利化和金融合作，推动共建国家的经济发展和区域合作。以下是该倡议在这些方面的一些具体内容。

（1）基础设施建设，包括交通、能源和数字方面的基础设施建设。交通基础设施建设包括铁路、公路、港口和机场等的建设与升级，以改善区域内的交通网络，如中欧班列的开通，连接了中国与欧洲多个城市；能源基础设施建设指通过建设跨国电网、油气管道等项目，增强能源供应的安全性和稳定性；数字基础设施建设指推动信息通信技术的发展，如建设光缆网络和数据中心，以促进数字经济的交流与合作。

（2）贸易便利化，包括海关合作、贸易协定和经济走廊的建立。海关合作强调通过简化海关程序、提高通关效率，降低贸易成本；贸易协定旨在推动与共建国家签署自贸协定，降低关税、消除贸易壁垒，促进贸易自由化；经济走廊的建立指设立多个经济走廊，如中国—中亚—西亚经济走廊，以增强区域内的贸易联系。

（3）金融合作，包括融资机制建设、货币合作和风险投资。融资机制建设指设立亚洲基础设施投资银行（AIIB）和丝路基金等金融机构，为基础设施项目提供资金支持；货币合作旨在推动人民币国际化，鼓励共建国家使用人民币进行贸易结算，减少对美元的依赖；风险投资是要通过与各国金融机构合作，分享投资风险，促进共同发展。

---

① 新华网．授权发布：推动共建丝绸之路经济带和21世纪海上丝绸之路的愿景与行动［EB/OL］．（2015－03－28）［2024－03－19］．http：//www.xinhuanet.com/world/2015/03/28/c_1114793986.htm.

第二节 "一带一路"倡议的实施和面临的问题

"一带一路"倡议自 2013 年提出以来，已经走过了 10 余年的历程。这一倡议旨在通过加强共建国家之间的经济合作，促进共同发展，实现互利共赢。"一带一路"倡议取得了令人瞩目的成果，不仅推动了共建国家的经济发展，也为全球经济增长做出了重要贡献。

一 倡议的推进

中国政府积极推动"一带一路"建设，加强与合作伙伴的沟通磋商，高层引领推动与合作伙伴的务实合作，实施了一系列政策措施，努力收获早期成果。

习近平主席等国家领导人先后出访 20 多个国家，出席加强互联互通伙伴关系对话会、中阿合作论坛第六届部长级会议，就双边关系和地区发展问题多次与有关国家元首和政府首脑进行会晤，阐释"一带一路"的深刻内涵和积极意义，就共建"一带一路"达成广泛共识。①

2013 年 9 月 7 日上午，中国国家主席习近平在哈萨克斯坦纳扎尔巴耶夫大学做演讲，提出共同建设"丝绸之路经济带"。中国国务院总理李克强参加 2013 年中国-东盟博览会时强调，铺就面向东盟的海上丝绸之路，打造带动腹地发展的支点。2014 年 8 月，习近平出访蒙古国时，表示欢迎周边国家"搭便车"。

2015 年 2 月 1 日，推进"一带一路"建设工作会议在北京召开。中共中央政治局常委、国务院副总理张高丽主持会议并讲话。2015 年 3 月，在博鳌亚洲论坛开幕式上，习近平发表主旨演讲，表示"一带一路"建设不是要替代现有地区合作机制和倡议，而是要在已有基础上推动共建各国实现

① 中国政府网. 经国务院授权 三部委联合发布推动共建"一带一路"的愿景与行动［EB/OL］.（2015－03－28）［2024－03－21］. https：//www. gov. cn/xinwen/2015－03/28/content_2839723. htm.

经济发展相互对接、优势互补。同月，为推进实施"一带一路"，让古丝绸之路焕发新的生机活力，以新的形式使亚欧非各国联系更加紧密，互利合作迈向新的历史高度，中国政府特制定并发布《愿景与行动》。2015 年 5 月 7 日，中国国家主席习近平开启对欧亚三国的访问，首站抵达哈萨克斯坦。此次访哈可视作"丝绸之路经济带"的落实之旅，进一步助推了"一带一路"的建设。

二 倡议的实施

"一带一路"倡议的实施包括全流程的实施环节，也已经取得了一些相应的成果。

（一）实施

1. 签署合作框架

与部分国家签署了共建"一带一路"合作备忘录，与一些毗邻国家签署了地区合作和边境合作的备忘录以及经贸合作中长期发展规划。研究编制了与一些毗邻国家的地区合作规划纲要。

2. 推动项目建设

加强与共建有关国家的沟通磋商，在基础设施互联互通、产业投资、资源开发、经贸合作、金融合作、人文交流、生态保护、海上合作等领域，推进了一批条件成熟的重点合作项目。

中国积极开展亚洲公路网、泛亚铁路网的规划和建设，与东北亚、中亚、南亚及东南亚国家开通公路 13 条、铁路 8 条。此外，油气管道、跨界桥梁、输电线路、光缆传输系统等基础设施建设取得成果。这些设施建设为"一带一路"打下了牢固的物质基础。其中，最重要也是最现实可行的通道路线是：日本—韩国—日本海—扎鲁比诺港—珲春—吉林—长春—白城—蒙古国—俄罗斯—欧盟的高铁和高速公路规划。

3. 完善政策措施

中国政府统筹国内各种资源，强化政策支持。推动亚洲基础设施投资银行筹建，发起设立丝路基金，强化中国-欧亚经济合作基金投资功能。推动银行卡清算机构开展跨境清算业务和支付机构开展跨境支付业务。积极推进投资贸易便利化，推进区域通关一体化改革。

2013年10月2日，习近平主席提出筹建倡议，2014年10月24日，包括中国、印度、新加坡等在内的21个首批意向创始成员国的财长和授权代表在北京签约，共同决定成立亚洲基础设施投资银行。

4. 发挥平台作用

各地成功举办了一系列以"一带一路"为主题的国际峰会、论坛、研讨会、博览会，对增进理解、凝聚共识、深化合作发挥了重要作用。如2015年12月2日，由清华大学继续教育学院主办、清华大学继续教育学院国际教育部承办的"一带一路"倡议与大型企业"走出去"国际工程人才培养研讨会在清华大学成功举办。[①] 研讨会还特别安排了主题研讨环节，与会代表就国家"一带一路"倡议下大型企业"走出去"国际工程人才需求及培养展开了热烈讨论。各企业代表纷纷从当前国际工程管理人才存在的问题以及企业自身需求出发，提出了对国际工程人才培养的需求和建议，并希望与清华大学继续教育学院加强合作，共同助力"走出去"国际工程人才培养。

5. 签署文件

2020年，世界经济发展中的不稳定不确定因素增多，给"一带一路"建设带来新的挑战；俄乌冲突也一定程度上影响着"一带一路"相关国家与中国的合作。尽管如此，截至2023年6月，我国已与152个国家、32个国际组织签署了200多份共建"一带一路"合作文件，覆盖我国83%的建交国；中欧班列、西部陆海新通道、匈塞铁路、比雷埃夫斯港等一系列标志性项目的建成投用，进一步促进区域经济发展，增进各国民生福祉。截至2023年上半年，中欧班列已累计开行超过7.3万列，发送货物690万标箱；

---

① 中国经济网．"一带一路"战略与大型企业"走出去"研讨会在京举办［EB/OL］．（2015-12-03）［2025-05-11］．https：//baike.baidu.com/reference/22036195/533aYdO6cr3_z3kATKWPn_6lMSvDNoml6uKGUuRzzqIP0XOpRovyScZjtoRx_fhqW1qe_8kwMIVax7HleEIgm5R2Ee01QrUjmQyNVi2ajeO6.

西部陆海新通道铁海联运班列已覆盖我国中西部 18 个省（区、市）。① 在这些项目的辐射带动下，2023 年前 7 个月，中国与共建"一带一路"国家进出口增长 7.4%，中欧班列开行量、货物发送量分别增长 13%、27%，共建"一带一路"持续推进。②

投资贸易水平持续提升，2013~2022 年，我国与共建国家货物贸易进出口额、非金融类直接投资额年均分别增长 8.6% 和 5.8%，与共建国家双向投资累计超过 2700 亿美元。民心相通取得显著成效，我国企业在共建国家建设的境外经贸合作区已为当地创造了 42.1 万个就业岗位。预计到 2030 年，共建"一带一路"可使相关国家 760 万人摆脱极端贫困、3200 万人摆脱中度贫困，将使全球收入增加 0.7%~2.9%。③

（二）成果

倡议实施取得的主要成果如下。

1. 基础设施建设的进展

在基础设施建设方面，"一带一路"倡议推动了诸多重大项目的实施。例如，中巴经济走廊、中欧班列、希腊比雷埃夫斯港等项目的建成，极大地改善了共建国家的交通状况，促进了区域经济的互联互通。同时，这些项目也为当地创造了大量就业机会，提高了人民的生活水平。

2. 贸易往来的繁荣

随着基础设施的不断完善，共建国家之间的贸易往来也日益繁荣。中国与共建国家的贸易额持续增长，为中国和共建国家的企业提供了广阔的市场空间和商机。同时，通过"一带一路"倡议，中国还积极参与了国际贸易体系的改革和完善，推动了全球贸易的健康发展。

在税收征管方面，2019 年 4 月 18 日，"一带一路"税收征管合作机制

---

① 光明网. 推动共建"一带一路"高质量发展 [EB/OL]. (2023-09-10) [2024-03-10]. https：//politics. gmw. cn/2023-09/10/content_36822192. htm.

② 光明网. 加大宏观政策调控力度 推动国民经济持续恢复 [EB/OL]. (2023-08-31) [2024-03-18]. https：//politics. gmw. cn/2023-08/31/content_36800954. htm.

③ 光明网. 从历史的原点，到未来的起点 [EB/OL]. (2023-09-08) [2024-03-21]. https：//politics. gmw. cn/2023-09/08/content_36818914. htm.

在中国宣告成立。34 个国家或地区税务部门在浙江乌镇共同签署《"一带一路"税收征管合作机制谅解备忘录》。① 在能源合作上，2019 年 4 月 25 日，"一带一路"能源合作伙伴关系在北京成立。来自 30 个伙伴关系成员国及 5 个观察员国的能源部长、驻华大使、能源主管部门高级别代表出席了仪式。② 在生态文明方面，中国将生态文明领域的合作作为共建"一带一路"的重点内容，持续造福参与共建"一带一路"的各国人民。在投资方面，2015 年中国企业对"一带一路"相关的 49 个国家进行了直接投资，投资额同比增长 18.2%。③ 2023 年 10 月 10 日，国务院新闻办公室发布了《共建"一带一路"：构建人类命运共同体的重大实践》白皮书。国家发展改革委数据显示，2013～2022 年，中国与共建国家进出口总额累计达到 19.1 万亿美元，年均增长 6.4%；与共建国家双向投资累计超过 3800 亿美元，其中中国对外直接投资超过 2400 亿美元。④

3. 文化交流的深入

除了经济领域的合作，"一带一路"倡议还注重文化交流的重要性。通过举办文化年、艺术节、教育交流等活动，中国与共建国家之间的文化交流日益深入。这些活动不仅加深了彼此之间的了解和友谊，也为共建国家的文化产业发展带来了新的机遇和挑战。

（1）新丝绸之路大学联盟的成立

新丝绸之路大学联盟成立于 2015 年 5 月 22 日，由西安交通大学发起，来自 22 个国家或地区的近百所大学先后加入。新丝绸之路大学联盟是海内

---

① 中国新闻网．"一带一路"税收征管合作机制在中国宣告成立［EB/OL］.（2019-04-19）［2024-03-21］. https：//www. chinanews. com. cn/gn/2019/04-19/8813523. shtml.

② 国家能源局网站．"一带一路"能源合作伙伴关系在京成立［EB/OL］.（2019-04-25）［2024-04-21］. http：//www. nea. gov. cn/2019/04/25/c_138008675. htm.

③ 人民网．商务部：2015 年我国企业对"一带一路"国家投资增 18.2%［EB/OL］.（2016-01-20）［2024-04-21］. https：//baike. baidu. com/reference/13132427/533aYdO6cr3_z3kATPXan_qhOyyXMd-tv7XUBrNzzqIP0XOpTofrW4Yx5Zkv-_h3GA6Fs5dvLtUb2eb7FUlF7_EPcew3QqpxnHb_Vy7Awb7h_90zks8c59cf.

④ 中国经营报．共建"一带一路"十年：中国对外直接投资超 2400 亿美元［EB/OL］.（2023-10-16）［2024-04-19］. http：//baijiahao. baidu. com/s？id=1779665748073650905&wfr=baike.

外大学结成的非政府、非营利性的开放性、国际化高等教育合作平台，以"共建教育合作平台，推进区域开放发展"为主题，推动"新丝绸之路经济带"合作伙伴和地区大学之间在校际交流、人才培养、科研合作、文化沟通、政策研究、医疗服务等方面的交流与合作，增进青少年之间的了解和友谊，培养具有国际视野的高素质、复合型人才，服务"新丝绸之路经济带"周边及欧亚地区的发展建设。

2015年10月17日，丝绸之路（敦煌）国际文化博览会筹委会文化传承创新高端学术研讨会在敦煌举行。复旦大学、北京师范大学、兰州大学和俄罗斯乌拉尔国立经济大学、韩国釜庆大学等46所中外高校在甘肃敦煌成立了"一带一路"高校战略联盟，以探索跨国培养与跨境流动的人才培养新机制，培养具有国际视野的高素质人才。文化传承创新高端学术研讨会在甘肃敦煌举行，兰州大学、复旦大学、俄罗斯乌拉尔国立经济大学、韩国釜庆大学等来自8个国家的47所共建"一带一路"国家或地区高校联合发布《敦煌共识》（*Dunhuang Consensus*），决定成立"'一带一路'高校战略联盟"。[①] 联盟将共同打造"一带一路"高等教育共同体，推动"一带一路"合作伙伴和地区大学之间在教育、科技、文化等领域的全面交流与合作，服务"一带一路"合作伙伴和地区的经济社会发展。

（2）"一带一路"城市旅游联盟的组建

2015年10月17日，中国30余个"一带一路"共建城市在古都开封联合组建"一带一路"城市旅游联盟，共同谱写丝路华章。该联盟旨在旅游发展、节庆活动、旅游品牌培育、旅游市场开发、旅游客源互送、媒体宣传和国际交流等方面开展合作，将全方位推动"一带一路"共建城市经济社会发展和文化旅游交流。该联盟通过了《"一带一路"城市旅游联盟章程》和《"一带一路"城市旅游联盟开封宣言》。[②]

---

① 教育部网站. 47所中外大学成立"一带一路"高校联盟［EB/OL］.（2015-10-19）［2024-03-19］. http://www.moe.gov.cn/jyb_xwfb/s5147/201510/t20151019_214089.html.

② 环球网. 中国30余"一带一路"沿线城市成立旅游联盟［EB/OL］.（2015-10-18）［2024-03-19］. https://world.huanqiu.com/article/9CaKrnJQEVa.

（3）丝路发展的总结展望

2023 年 11 月 24 日，推进"一带一路"建设工作领导小组办公室发布《坚定不移推进共建"一带一路"高质量发展走深走实的愿景与行动——共建"一带一路"未来十年发展展望》，提出未来十年高质量共建"一带一路"的愿景思路和务实行动举措。这份报告约 1.3 万字，除"前言"外共 5 个部分，分别是十年来共建"一带一路"的成就与启示、未来十年共建"一带一路"的总体构想、未来十年发展的重点领域和方向、未来十年发展的路径和举措，以及展望。①

2023 年 12 月 7 日，中国人权发展基金会和新华社国家高端智库共同发布《为了更加美好的世界——从人权视角看共建"一带一路"这十年》智库报告。报告深刻阐述了共建"一带一路"倡议助益世界人权事业发展的逻辑关系，用大量事例数据生动直观展现共建"一带一路"十年来对促进当地民众更好实现生存权、发展权以及实现更大范围人权保障的积极作用，并总结提炼了共建"一带一路"对全球人权治理的启示。②

三 遇到的问题

"一带一路"是中国政府提出的重要倡议，旨在通过加强与共建国家的经济合作，促进共同发展。然而，在实施过程中，"一带一路"倡议也遇到政策层面和操作层面的一些问题。

（一）政治和文化差异风险

"一带一路"倡议涉及的国家在文化背景、宗教信仰、价值观念和习俗习惯等方面存在较大差异。首先，"一带一路"倡议涉及的国家众多，不同国家的政治环境和稳定程度各不相同。一些国家可能存在政治动荡、社会不稳定等问题，这可能会给项目的实施带来风险；一些国家之间可能存在领土

---

① 新华网．我国发布共建"一带一路"未来十年发展展望［EB/OL］．（2023-11-24）［2024-04-23］．https：//www.gov.cn/yaowen/liebiao/202311/content_6916827.htm.

② 新华网．《为了更加美好的世界——从人权视角看共建"一带一路"这十年》智库报告发布［EB/OL］．（2023-12-08）［2024-03-23］．https：//www.yidaiyilu.gov.cn/p/04JS50AM.html.

争端、政治矛盾等问题，这也可能影响"一带一路"倡议的推进。其次，地缘政治风险：部分共建国家存在地缘政治纷争和冲突，这不仅影响项目的正常推进，还可能给投资者带来安全风险。最后，政策与法规的不确定性：共建国家的政策和法规往往存在不确定性，这可能导致投资者在项目执行过程中面临合规风险。

以上这些差异可能导致在项目实施过程中出现文化冲突和误解，影响项目的顺利进行。因此，如何在尊重各国文化的基础上加强文化交流与沟通，成为一个重要的问题。

（二）融资难题

"一带一路"倡议需要大量的资金投入，包括基础设施建设、贸易往来、产业投资等方面。然而，由于项目涉及国家众多，资金筹措难度较大，一些项目可能会因为资金短缺而被迫推迟或取消。此外，一些项目可能存在回报周期长、风险高等问题，导致投资者对项目的信心不足。一些国家可能存在债务问题，这也可能影响"一带一路"倡议的实施；还存在投资与回报不平衡的问题，如在"一带一路"项目中往往需要大量的资金投入，但由于一些共建国家的经济环境、政策环境等，投资回报往往不尽如人意，给投资者带来了较大的风险。

（三）国际合作机制不完善

"一带一路"倡议涉及多个国家，各国之间的政治、经济、文化等背景差异较大，如何协调各国之间的利益，建立有效的国际合作机制，是一个亟待解决的问题。这表现在以下几方面。一是合作机制不健全：虽然倡议涉及多个国家，但缺乏有效的多边合作机制，导致各国在合作中的利益协调和政策对接困难；各国间的信息交流和共享机制不够完善，导致项目进展缓慢，决策不够透明。二是法律和政策框架不统一：参与国的法律体系和政策环境差异较大，给跨国投资和合作带来障碍；各国在经济政策、贸易政策等方面缺乏协调，导致合作效果不佳。三是风险管理机制欠缺：在项目实施过程中，缺乏系统的风险评估和管理机制，导致投资风险增加；缺少有效的争端解决机制，容易导致合作中的摩擦和冲突。在"一带一路"项目实施过程中，安全生产问题也不容忽视。一些工程项目可能存在安全隐患，如建筑工地安全、交通安全等。如果这些问题得不到有效解决，可能会导致安全事故的发生，对人员生命安全造成威胁。目前，虽然已经有了一些合作框架和协议，但仍需要进一步完善和细化。

（四）环境影响评估不足

环境保护与经济发展的平衡。在推进"一带一路"项目的过程中，如何平衡环境保护与经济发展是一个重要的问题。过度开发可能导致环境破坏，而严格的环境保护措施又可能影响项目的盈利。一些"一带一路"项目可能对当地环境产生较大影响，如基础设施建设可能破坏生态环境、增加污染排放等。然而，在项目规划和实施过程中，往往对环境影响评估不足，导致环境问题得不到有效控制。这不仅可能引发当地民众的不满和抗议，还可能影响项目的可持续发展。要加强沟通和协调，共同推进项目实施。只有这样，才能让"一带一路"倡议真正发挥促进共同发展、实现互利共赢的重要作用。

"一带一路"倡议自提出以来，已经走过了 10 余年的历程，其实施过程中不可避免地遇到了一些问题，需要从多个方面进行分析和解决。政策层面的问题需要各国加强沟通与合作，以建立更加完善的国际合作机制；实际操作层面的问题则需要我们在项目实施过程中加强监管和管理，确保项目的顺利进行和可持续发展。"一带一路"倡议在实施过程中遇到的问题多种多样，需要各方共同努力，加强沟通与合作，以推动倡议的顺利实施，实现互利共赢的目标。

第三节 "一带一路"倡议的国际贡献和意义

"一带一路"倡议自提出以来不断拓展合作区域与领域，尝试与探索新的合作模式，不断丰富、发展与完善，其初衷与原则也始终如一。它是具有包容性的合作倡议，是互利务实的合作平台，是与现有机制的对接与互补，也是促进人文交流的桥梁。

一　"一带一路"倡议是具有包容性的合作倡议

"一带一路"倡议的发展成果显著，不仅促进了中国自身的发展，也为共建国家带来了实实在在的利益。

自 2013 年中国提出"一带一路"倡议以来，这一宏伟构想已经在全球范围内取得了显著的成果。通过加强基础设施建设、促进贸易往来和文化交流，"一带一路"倡议为中国的发展注入了新的活力，也为共建国家的经济社会发展带来了实质性的改变。"一带一路"合作范围不断扩大，合作领域更为广阔。它不仅给参与各方带来了实实在在的合作红利，也为世界贡献了应对挑战、创造机遇、强化信心的智慧与力量。

"一带一路"为全球治理提供了新的路径与方向。当今世界，挑战频发，风险日益增多。经济增长乏力，动能不足，金融危机的影响仍在发酵，发展鸿沟日益突出，"黑天鹅"事件频出，贸易保护主义倾向抬头，"逆全球化"思潮涌动，地区动荡持续。和平赤字、发展赤字、治理赤字的严峻挑战已摆在全人类面前。这充分说明现有的全球治理体系出现了结构性问题，亟须找到新的破题之策与应对方略。作为一个新兴大国，中国有能力、有意愿同时也有责任为完善全球治理体系贡献智慧与力量。面对新挑战、新问题、新情况，中国给出的全球治理方案是：构建人类命运共同体，实现共赢共享。而"一带一路"正是朝着这个目标努力的具体实践。

"一带一路"强调各国的平等参与、包容普惠，主张携手应对世界经济面临的挑战，开创发展新机遇，谋求发展新动力，拓展发展新空间，共同朝着人类命运共同体方向迈进。正是本着这样的原则与理念，"一带一路"针对各国发展的现实问题和治理体系的短板，创立了亚投行、新开发银行、丝路基金等新型国际机制，构建了多形式、多渠道的交流合作平台，这样能缓解当今全球治理机制代表性、有效性、及时性难以适应现实需求的困境。中国借助"一带一路"国际合作，与发达国家联合开发第三方市场，在规避竞争的同时发掘新的互补合作空间。世界经济的循环越来越变为"双环流"体系。一方面，中国与发达国家之间形成了以产业分工、贸易、投资、资本间接流动为载体的循环体系；另一方面，中国又与亚非拉发展中国家之间形成了以贸易、直接投资为载体的循环体系。①

"一带一路"是开放性、包容性区域合作倡议，而非排他性、封闭性的中国"小圈子"。当今世界是一个开放的世界，开放带来进步，封闭导致落后。中国认为，只有开放才能发现机遇、抓住用好机遇、主动创造机遇，才能实现国家的奋斗目标。"一带一路"倡议就是要把世界的机遇转变为中国的机遇，把中国的机遇转变为世界的机遇。正是基于这种认知与愿景，"一带一路"以开放为导向，冀望通过加强交通、能源和网络等基础设施的互联互通建设，促进经济要素有序自由流动、资源高效配置和市场深度融合，开展更大范围、更高水平、更深层次的区域合作，打造开放、包容、均衡、普惠的区域经济合作架构，以此来解决经济增长和平衡问题。这意味着"一带一路"是一个多元开放包容的合作性倡议。可以说，"一带一路"的开放包容性特征是区别于其他区域性经济倡议的一个突出特点。

二 "一带一路"倡议是互利务实的合作平台

"一带一路"为全球均衡可持续发展增添了新动力，提供了新平台。"一带一路"涵盖了发展中国家与发达国家，实现了"南南合作"与"南北合作"的统一，有助于推动全球均衡可持续发展。"一带一路"以基础设施建设为着眼点，促进经济要素有序自由流动，推动中国与相关国家的宏观政策协调。对参与"一带一路"建设的发展中国家来说，这是一次搭中国经济发展"快车""便车"，实现自身工业化、现代化的历史性机遇，有力推动了"南南合作"的广泛展开，同时也有助于增进"南北对话"、促进南北合作的深度发展。不仅如此，"一带一路"倡议的理念和方向，同《联合国2030年可持续发展议程》高度契合，完全能够加强对接，实现相互促进。联合国秘书长古特雷斯表示，"一带一路"倡议与《联合国2030年可持续

---

① 光明思想理论网."一带一路"与新型全球治理［EB/OL］.（2023-09-29）［2024-04-23］. https://theory.gmw.cn/2023-09-29/content_36866006.htm.

发展议程》都以可持续发展为目标，都试图提供机会、全球公共产品和双赢合作，都致力于深化国家和区域间的联系。他强调，为了让相关国家能够充分从增加联系产生的潜力中获益，加强"一带一路"倡议与《联合国2030年可持续发展议程》的联系至关重要。就此而言，"一带一路"建设还有助于《联合国2030年可持续发展议程》的顺利实现。

"一带一路"是务实合作平台，是共商、共建、共享的联动发展倡议。"和平合作、开放包容、互学互鉴、互利共赢"的"丝路精神"成为人类共有的历史财富，"一带一路"就是秉持这一精神与原则提出的现时代重要倡议。通过加强相关国家间的全方位多层面交流合作，充分发掘与发挥各国的发展潜力与比较优势，彼此形成互利共赢的区域利益共同体、命运共同体和责任共同体。在这一机制中，各国是平等的参与者、贡献者、受益者，因此"一带一路"从一开始就具有平等性、和平性特征。平等是中国所坚持的重要国际准则，也是"一带一路"建设的关键基础。只有建立在平等基础上的合作才是持久的合作，也才会是互利的合作。"一带一路"平等包容的合作特征为其推进减轻了阻力，提升了共建效率，有助于国际合作真正"落地生根"。同时，"一带一路"建设离不开和平安宁的国际环境和地区环境，和平是"一带一路"建设的本质属性，也是保障其顺利推进所不可或缺的重要因素。这就决定了"一带一路"不应该也不可能沦为大国政治较量的工具，更不会重复地缘博弈的老套路。

"一带一路"不是中国的对外援助计划，不是中国的地缘政治工具。"一带一路"建设是在双边或多边联动基础上通过具体项目加以推进的，是在进行充分政策沟通、项目对接以及市场运作后形成的发展倡议与规划。2017年5月《"一带一路"国际合作高峰论坛圆桌峰会联合公报》强调了建设"一带一路"的基本原则，其中就包括市场原则，即充分认识市场作用和企业主体地位，确保政府发挥适当作用，政府采购程序应开放、透明、非歧视。可见，"一带一路"建设的核心主体与支撑力量并不在政府，而是企业，根本方法是遵循市场规律，并通过市场化运作模式来实现参与各方的利益诉求，政府在其中发挥构建平台、创立机制、政策引导等指向性、服务性功能。

三 "一带一路"倡议是与现有机制的对接与互补

"一带一路"为新时期世界走向共赢带来了中国方案。不同性质、不同发展阶段的国家，其具体的发展诉求与优先方向不尽相同，但各国都希望获得发展与繁荣。如何将一国的发展规划与他国的发展设计相对接、实现优势互补便成为各国实现双赢多赢的重要前提。"一带一路"正是在各国寻求发展机遇的需求之下，在尊重各自发展道路的基础上所形成的合作平台。"一带一路"倡议是与全球性、区域性及共建国家或地区现有机制的对接与互补。

因为立足于平等互利、相互尊重的基本国际关系准则，聚焦于各国发展实际与现实需要，着力于和各国发展规划对接，"一带一路"建设在赢得越来越多的世界认可与赞誉的同时，也取得了日益显著的早期收获，给相关国家带来了实实在在的利益，给世界带来了走向普惠、均衡、可持续繁荣的信心。2016 年 10 月开通的非洲第一条电气化铁路——亚吉铁路（亚的斯亚贝巴至吉布提）和 2017 年 5 月开通的蒙内铁路（蒙巴萨至内罗毕），成为中国在非洲大陆承建的两大极具影响力的世纪工程，受到许多非洲国家好评，被誉为"友谊合作之路"和"繁荣发展之路"。从中非合作的缩影可以看出，"一带一路"是一条合作之路，更是一条希望之路、共赢之路。

"一带一路"是与现有机制的对接与互补，而非替代。"一带一路"建设的相关国家要素禀赋各异，比较优势差异明显，互补性很强。有的国家能源资源富集但开发力度不够，有的国家劳动力充裕但就业岗位不足，有的国家市场空间广阔但产业基础薄弱，有的国家基础设施建设需求旺盛但资金紧缺。我国经济规模居全球第二，外汇储备居全球第一，优势产业越来越多，基础设施建设经验丰富，装备制造能力强、质量好、性价比高，具备资金、技术、人才、管理等综合优势。这就为中国与其他"一带一路"参与方实现产业对接与优势互补提供了现实需要与重大机遇。因而，"一带一路"的核心内容就是要促进基础设施建设和互联互通，对接各国政策和发展规划，以便深化务实合作，促进协调联动发展，实现共同繁荣。显然，它不是对现有地区合作机制的替代，而是与现有机制互为助力、相互补充。实际上，"一带一路"建设已经与俄罗斯欧亚经济联盟建设、印尼全球海洋支点发展规划、哈萨克斯坦"光明之路"经济发展战略、蒙古国"草原之路"倡议、欧盟欧洲投资计划、埃及苏伊士运河走廊开发计划等实现了对接与合作，并形成了一批标志性项目，如中哈（连云港）物流合作基地建设。作为新亚欧大陆桥经济走廊建设成果之一，中哈（连云港）物流合作基地初步实现了深水大港、远洋干线、中欧班列、物流场站的无缝对接。该项目与哈萨克斯坦"光明之路"发展战略高度契合。哈萨克斯坦"光明道路"民主党主席佩鲁阿舍夫就表示，在与"光明之路"新经济政策的对接中，"一带一路"倡议有效推动了哈萨克斯坦乃至整个中亚地区的经济发展，为各国在经济、文化等领域的合作开辟了广阔空间，创造了更多机遇。[①]

四 "一带一路"倡议是促进人文交流的桥梁

"一带一路"建设是促进人文交流的桥梁，而非触发文明冲突的引线。"一带一路"跨越不同区域、不同文化、不同宗教信仰，但它带来的不是文明冲突，而是各文明间的交流互鉴。"一带一路"在推进基础设施建设、加强产能合作与发展规划对接的同时，也将"民心相通"作为工作重心之一。通过弘扬丝绸之路精神，开展智力丝绸之路、健康丝绸之路等建设，在科学、教育、文化、卫生、民间交往等各领域广泛开展合作，"一带一路"建设民意基础更为坚实、社会根基更加牢固。法国前总理德维尔潘认为，"一带一路"建设非常重要，"它是政治经济文化的桥梁和纽带，让人民跨越国界更好交流"。因此，"一带一路"建设就是要以文明交流超越文明隔阂、文明互鉴超越文明冲突、文明共存超越文明优越，为相关国家民众加强交流、增进理解搭建新的桥梁，为不同文化和文明加强对话、交流互鉴织就新

[①] 新华网. 专访："一带一路"倡议促进哈中两国民心相通——访哈萨克斯坦"光明道路"民主党主席佩鲁阿舍夫［EB/OL］.（2017 - 12 - 10）［2024 - 04 - 23］. http://www.xinhuanet.com/world/2017-12/10/c_1122087399.htm.

的纽带，以推动各国相互理解、相互尊重、相互信任。①

未来，随着"一带一路"倡议的不断推进和深化，相信中国与共建国家之间的合作将更加紧密，共同迎来更加美好的明天。

共建"一带一路"符合国际社会的根本利益，能彰显人类社会的共同理想和美好追求，是国际合作以及全球治理新模式的积极探索，将为世界和平发展增添新的正能量。《丝绸之路：一部全新的世界史》一书的作者英国历史学家彼得·弗兰科潘说："丝绸之路曾经塑造了过去的世界，甚至塑造了当今的世界，也将塑造未来的世界。"作为和平繁荣开放创新的文明之路，"一带一路"必将会行稳致远、惠及天下。②

---

① 人民网. 文明交流互鉴为加强合作提供强大支撑 [EB/OL]. (2019-04-24) [2024-04-23]. http：//theory. people. com. cn/n1/2019/0424/c40531-31047110. html.

② 新华网. "一带一路"上的古代货币 [EB/OL]. (2019-04-25) [2024-04-23]. https：// baijiahao. baidu. com/s? id=1631740137531955447&wfr=spider&for=pc.

第二章
白俄罗斯的地缘环境和整体状况

    国际关系理论中的层次分析法将国际体系、地区体系、民族国家和决策者四个层次作为分析单元，解释双边关系发展的结构性动因。其中，国家行为体可被视为"对象"，国家间的战略互动演变被视为"过程"，国家间通过具体的合作载体"项目"加强交往，构成互嵌式连接。建构主义理论强调文化认同、价值共享对国际关系的建构作用，强调身份认同塑造和规范扩散机制，能够很好地诠释"人文"交流如何通过教育合作、文化互鉴等软性互动，逐步转化为政治互信和发展共识的"过程"。本书在研究中国与白俄罗斯双边关系中依据层次分析法和国际关系领域的建构主义理论，构建了"对象-过程-项目-人文"框架，将其内嵌到"总-分-总"的大结构中，从而形成研究"一带一路"倡议推动下的中国与白俄罗斯关系的研究框架体系。

    白俄罗斯共和国位于中东欧，是丝绸之路经济带上重要的共建国家，是中国通过中亚进入欧洲的陆路交通贸易的重要通道。白俄罗斯东邻俄罗斯，南邻乌克兰，西接波兰，北邻立陶宛和拉脱维亚，虽然国土面积并不大，只有 20.76 万平方公里，人口不到 1000 万人，但是它有着自己独特的历史背景和地缘特色。本章进入"总-分-总"结构中的"分"，开始对"对象-过程-项目-人文"框架下合作"对象"的研究。

第一节 白俄罗斯的经济状况

自 1991 年苏联解体、冷战结束后，白俄罗斯开始了其独立的发展历程。在冷战结束到 2020 年前近 30 年里，白俄罗斯经历了政治、经济、社会等多方面的变革，逐步形成了自己独特的发展道路。

苏联解体后，白俄罗斯开始了艰难的经济转型过程。1991 年白俄罗斯独立后，受俄罗斯私有化影响，独立之初的三年时间，白俄罗斯进行了大规模私有化转轨试验，结果不仅没能恢复因国家解体受损的经济，还出现了社会不公、两极分化、官员腐败、管理失效等弊端，工农业生产、建筑、运输、外贸等领域的发展都呈颓势。在此背景下，卢卡申科先后签发五个减缓私有化的总统令，"叫停"了进行中的大规模私有化，控制通胀。

卢卡申科执政下的白俄罗斯成了一个保留苏联秩序和价值观的国家，在政府的引导下，国家逐渐从计划经济向市场经济转变，是欧洲政治中一个独特的存在。在这一过程中，白俄罗斯保持了相对稳定的政治环境，为经济发展提供了有力的保障。

在苏联时期，根据苏联整体的社会主义劳动分工，白俄罗斯加盟共和国主要发展制造业和加工工业，是联盟的"装配车间"（сборочный цех），工业增长率高于各加盟共和国平均水平，这也为独立后的工业发展奠定了基础。不过，苏联解体后白俄罗斯还是出现了较严重的失衡，个别产业优势突出，其他领域却出现了各种"短板"。2021 年实行市场社会主义后，白俄罗斯经济社会均衡发展并取得较大成就。

一 实行市场社会主义

冷战结束各加盟共和国独立后，白俄罗斯的经济经历了一系列挑战和变革。该国经济曾一度严重依赖苏联时期的计划经济体制。

市场社会主义理论源于西方学界对十月革命后苏维埃国家社会主义经济制度的批判。20 世纪七八十年代，部分苏东社会主义国家，如匈牙利、波兰、捷克斯洛伐克、罗马尼亚以及戈尔巴乔夫改革时期的苏联或多或少地进行了一些市场经济改革，主要探讨市场经济与社会主义公有制相结合的可行性。不过，苏联解体、东欧剧变后，几乎全部苏东国家都走上了迈向资本主义的转轨之路。白俄罗斯进行的是典型的国家市场社会主义实践。[①]

在转型过程中白俄罗斯面临许多困难，由于缺乏必要的改革措施和市场机制，其经济一度陷入衰退。1994 年起，白俄罗斯卢布成为国内唯一支付手段，由于物价持续上涨且几次通胀，民众对本币的稳定性信心不足。卢卡申科执政后其首要举措就是整顿经济，制止大企业破产和大规模私有化，在农村则坚持土地国有。独立的白俄罗斯转而实行市场社会主义，国家整体上得到平衡发展。

在卢卡申科总统的领导下，白俄罗斯政府采取了一系列措施来稳定经济，包括加强国家对经济的控制、实施进口替代战略以及加强与其他国家的经济合作。根据国家法律，国家经济按所有权形式划分主要有两大类：国有经济和非国有经济。国有制在国民经济中占主体地位是白俄罗斯市场社会主义的一个明显特征，这也是保持经济稳定发展、保证社会公平、促进就业和推动技术创新的重要基础。公有制占主体保证了国家税收和贸易等收入，教育、公共卫生、公用事业、公共交通等支出也有了充分保障。公有经济还是吸纳就业的主力，在国企或国家控股企业就业者约占总就业人数的 70%。同时，公有制也是落实国家发展战略的保障。为提高白俄罗斯卢布的吸引力，政府在 1999 年、2011 年、2016 年三次进行货币改革，全力保证其稳定可靠，同时努力保证居民收入不断提高。白俄罗斯的经济结构不断得到优化，工业化水平不断提高，农业生产稳步增长，科技创新能力逐步增强。

这些措施在一定程度上取得了成功，使白俄罗斯经济逐渐恢复了稳定。然而，白俄罗斯仍面临着如产业结构单一、缺乏创新和竞争力等一些经济问题。为了解决这些问题，白俄罗斯政府近年来开始实施一系列经济改革措

---

① 程恩富，李燕. 白俄罗斯市场社会主义模式与启示［J］. 经济社会体制比较，2021（2）：162.

施，包括推动私有化、加强知识产权保护、发展高新技术产业等。为活跃经济、扩大就业，白俄罗斯也努力发展私有为主的中小企业。政府先后颁布多个与中小企业有关的法令，通过支持各级财政预算、设立基金、提供贷款、创建中小企业孵化器、组织中小企业互助协会、利用培训提供信息和技术支持、完善中小企业法律法规等措施，对中小企业加以扶持。2010 年以来，中小企业在国家经济发展指标中的占比逐渐提高，由 2010 年的约 8.7 万家、用工人数 12.5 万，增加到 2019 年的约 11 万家、用工人数 119.3 万左右。①

白俄罗斯将国家长期发展规划称为"增长点"战略，划定国民经济四个支柱产业：服务业（建筑，运输，贸易）；能源，包括在建核电厂周围形成的科学集群和生产集群；高科技产业，主要依托中国-白俄罗斯工业园发展；信息技术，以各地高科技园区为主。由此，白俄罗斯支柱产业都有长远规划，其创新产业如汽车、核能、电子、制药和医疗器械、合成材料等也多属国有，以引领科技创新，保证可持续发展。

二 不断调整产业结构

为了应对全球经济形势的变化，白俄罗斯不断调整产业结构，加大了对高科技产业、农业和食品加工业等领域的投入。同时，白俄罗斯还积极吸引外资，推动经济多元化发展。独立之初的三年时间，白俄罗斯进行了大规模私有化转轨试验。产业结构得到调整，工农业生产得到发展。

白俄罗斯经济主导部门是出口导向的工业，政府利用该条件推出"主打"产品和产业，如知名品牌别拉斯（БУЛАЗ）矿山自卸车，多年稳占全球矿用卡车市场的三分之一，还有农用车、家用汽车组装生产线（如吉利汽车）、普通卡车马斯（МАЗ）等；利用现代技术升级改造电动机、电缆、变压器等电气设备生产线；炼油业是国家主导产业之一，白俄罗斯国家石化康采恩向国内外提供石油产品，出口占比很大，白俄罗斯钾肥公司等企业是

---

① 根据白俄罗斯国家统计委员会数据整理．https：//www．belstat．gov．by/．转自：程恩富、李燕．白俄罗斯市场社会主义模式与启示［J］．经济社会体制比较，2021（2）：165．

全球钾肥市场的重要供应商；白俄罗斯冶金企业有 80 多家，实力较强。这些工业部门向本国和独联体、欧洲乃至全球市场提供产品，奠定了工业基础。苏联解体前白俄罗斯农业产值在各加盟共和国中居第 5 位，主产小麦、黑麦、大麦、燕麦、玉米、甜菜和油菜等谷物与经济作物，还有肉、奶等产品，亚麻和土豆是其传统特色农产品。苏联时代的集体农庄和国营农场被保留下来，并开办家庭农场，允许承包经营。2009 年起，个体经济占全国农业 30%。这些国营和个体经济生产高质量天然产品，销往独联体国家。①

三　积极拓展对外贸易

在对外贸易方面，白俄罗斯积极拓展国际市场，加强与周边国家的经贸合作，推动出口多元化。同时，白俄罗斯还积极参与区域经济一体化进程，为推动地区经济发展做出了积极贡献。白俄罗斯政府重视对外贸易，积极扩大出口市场，加强与周边国家的经济合作。此外，白俄罗斯还加入了世界贸易组织等国际经济组织。1993 年白俄罗斯提出了加入世界贸易组织的申请，经多年努力于 2021 年成功"入关"，为经济发展拓展了更广阔的空间。近年来，随着中白经贸关系发展，白俄罗斯绿色农产品及肉、奶等食品在中国市场越来越受欢迎。

第二节　白俄罗斯的地缘环境

白俄罗斯国土面积 20.76 万平方公里，至 2024 年全国人口约为 915.6 万。② 白俄罗斯位于欧洲中东部，由于俄罗斯在欧洲东部拥有大片领土，加上历史原因，白俄罗斯被称为东欧国家之一，其地理位置重要且独特。这种

---

① 程恩富，李燕. 白俄罗斯市场社会主义模式与启示［J］. 经济社会体制比较，2021（2）：166.
② 新华丝路. 白俄罗斯 2024 年人口降至 915.6 万［EB/OL］.（2024-03-29）［2024-04-23］. https：//www.imsilkroad.com/news/p/520212.html.

地理位置既为其带来了地缘优势，也伴随着一定的劣势和风险。

白俄罗斯的地缘环境有优势的一面，也有劣势的一面，这取决于与区域战争与和平的状态，以及其他一些复杂因素。

一 白俄罗斯地缘环境的优势

白俄罗斯地理位置独特，地缘环境优越，具有战略地位。

1. 拥有欧亚大陆交通枢纽的战略地位

白俄罗斯地处欧洲交通枢纽带，属欧洲大陆的心脏地区，其地缘环境独具优势，战略位置十分重要。它是重要的交通枢纽，是连接俄罗斯和西欧的重要桥梁，也是中亚进入欧洲的门户，对周边国家来说具有不可替代的战略价值。白俄罗斯拥有发达的铁路、公路和航空运输系统。它综合交通便捷，向东南方向直航 9 个小时到北京，向西 3 个小时到伦敦，向东北 1 个小时飞抵莫斯科，至波罗的海的克莱佩达港陆路也只有 496 公里，对于国际物流和贸易具有重要意义，这使得白俄罗斯在地区政治和经济格局中占据了重要位置。就国内而言，其境内铁路、公路、航空和水路交通发达，这些交通优势为白俄罗斯的经济发展提供了强大的支撑。

2. 拥有较丰富的资源来支撑经济发展

白俄罗斯不仅是欧洲重要的粮食生产国之一，还是世界主要钾肥生产国之一，且森林覆盖率较高，木材资源丰富。白俄罗斯丰富的自然资源包括肥料、石油、天然气、木材、钾盐等，这些资源为白俄罗斯的工业发展提供了充足的原材料，该资源优势使得白俄罗斯在国际市场上具有很强的竞争力。

白俄罗斯拥有丰富的自然资源，主要包括非金属矿、钾盐、盐岩、花岗石、白云石、石灰石、泥灰和白垩、防火材料和亚黏土等，其中非金属矿资源尤其丰富，包括钾盐、盐岩等，其中钾盐储量居世界第三位，可供开采100 多年，是该国最重要的矿藏之一；盐岩储量超过 220 亿吨，居独联体首位。除了钾盐和盐岩，白俄罗斯还拥有花岗石、白云石、石灰石、泥灰和白垩、防火材料和亚黏土等矿产资源。这些矿产资源在建筑、化工等领域有着广泛应用，对白俄罗斯的经济发展具有重要意义。

另外，白俄罗斯还有着丰富的水利和森林资源。白俄罗斯拥有 2 万多条河流，总长度为 9.1 万公里，以及 1.1 万个湖泊和 130 多个水库，被称为"万湖之国"，这为该国的农业和工业提供了重要的水资源。白俄罗斯拥有近 828 万公顷的森林，覆盖率为 40%，森林覆盖率在独联体中仅次于俄罗斯，居第二位。白俄罗斯的森林以针叶林为主，主要树种是松类，其次有云杉、白桦、橡树、赤杨、塔树和榆树等。

这些丰富的自然资源为白俄罗斯的经济发展提供了坚实的基础，尤其是在农业、建筑、化工等领域，有力支撑了经济的平稳发展。

3. 拥有相对稳定的政局和较高的教育水平

冷战结束后的 30 余年里，白俄罗斯绝大多数时间政治稳定、社会秩序良好，为国内外投资者提供了良好的投资环境。政府重视经济发展和社会稳定，遇到问题积极面对，不断推动改革和开放。在国际上，白俄罗斯积极参与地区和国际事务，奉行多元外交，在 2020 年大选之前与各国基本保持着良好的外交关系。这种稳定的政治环境为白俄罗斯的经济发展提供了良好的保障。

白俄罗斯教育水平高，科研实力雄厚，培养了大量优秀的人才，许多领域的研究成果在国际上享有盛誉。这些人才优势为白俄罗斯的经济发展提供了源源不断的动力。

4. 经济发展平稳，文化和旅游资源丰厚

白俄罗斯拥有悠久的历史和多元包容的文化遗产，包括独特的民族艺术、建筑风格和传统手工艺等；白俄罗斯有 100 多个民族，且信仰多元化，除了信仰东正教，还有信仰天主教、新教，甚至其他小的基督教派的。此外，白俄罗斯还拥有许多美丽的自然景观和风景名胜，如美丽的湖泊、森林和古堡等（见图 2-1）。这些文化和旅游资源为白俄罗斯的对外交流和旅游业发展提供了巨大的潜力。

综上所述，白俄罗斯的地缘环境优越，具有得天独厚的条件。其交通便利、资源丰富、政治稳定、人才辈出、经济发展迅速、文化和旅游资源丰富等优势为白俄罗斯的未来发展奠定了坚实的基础。在未来的发展中，白俄罗斯将继续发挥其地缘环境的优势，推动经济社会的全面发展。

图 2-1　明斯克风光——市中心的斯维斯洛奇河

二　白俄罗斯地缘环境的弊端

尽管白俄罗斯拥有天然的地缘优势和相对稳定的政治环境，但犹如一枚硬币的两面，其地缘环境在具有优势的同时还存在一些明显的劣势。

1. 周边关系复杂，面临外部压力

白俄罗斯是个内陆国，缺乏直接通往海洋的通道。地处欧洲内陆使得白俄罗斯在国际贸易和物流方面处于相对劣势，国家经济发展受到一定限制；白俄罗斯周边国家的政治经济环境复杂多变，对其外交政策选择和经济发展造成了一定影响。

2. 经济结构单一，具有一定脆弱性

白俄罗斯的经济主要依赖重工业和农业，尤其是化肥、石油产品和农业机械等产品的出口。这种单一的经济结构使得白俄罗斯的经济脆弱性较高，俄乌冲突中西方对白俄罗斯的多轮制裁使得其国内通胀高达百分之十几，对其民生和经济造成了较大冲击。此外，白俄罗斯还需要进一步加强科技创新和产业升级，提高经济的竞争力和可持续性。

3. 环境问题和人口老龄化并存

白俄罗斯在工业化进程中面临一定的环境问题，如污染、生态破坏等。切尔诺贝利核电站位于乌克兰境内、基辅以北，但是距离白俄罗斯边境只有16公里，这些问题不仅影响国家的可持续发展，还可能对居民的健康和生活质量造成负面影响。白俄罗斯需要加大环境保护力度，提高污染治理效率，促进绿色发展和可持续发展。

白俄罗斯的人口老龄化问题日益严重，人口较少且呈现下降趋势，对国家的经济和社会发展带来了挑战。随着老年人口的增加，劳动力市场的压力加大，社会保障支出增加，给国家的财政带来负担。同时，人口老龄化还可能导致创新能力和经济发展潜力下降，影响国家的长远发展。

4. 外交空间受限，国际形象有待提升

由于白俄罗斯地处欧洲内陆，且周边国家的政治经济环境复杂多变，这使得白俄罗斯在外交政策选择上受到一定限制。白俄罗斯需要在维护国家利益和主权的同时，与周边国家保持良好的外交关系，拓展外交空间，提高国际影响力。白俄罗斯在国际舞台上的形象特别是政治体制和人权状况等方面受到西方的攻击。如何平衡东西方关系，进一步改善国际形象，对提升白俄罗斯的国际地位和影响力具有重要意义。

综上所述，白俄罗斯在地缘环境方面既存在得天独厚的优势，也存在多方面的劣势，包括地理位置局限、邻国关系复杂、经济结构单一、人口老龄化问题、环境问题以及外交空间受限等。

第三节　白俄罗斯的社会发展和对外关系

30多年来，白俄罗斯在社会领域和对外关系领域得到了长足的发展。

一　白俄罗斯的社会发展

在社会领域，过去30多年里白俄罗斯教育、医疗、文化等方面条件得到了改善，人民生活水平有所提高；物价基本稳定且略有上升，但政府努力控速，不超工资涨幅。[①] 在 2008 年国际金融危机、2020 年新冠疫情和俄乌冲突期间，白俄罗斯也在朝这个方向努力。

（一）教育事业

白俄罗斯政府高度重视教育事业，不断增加教育投入、提高教育质量。白俄罗斯还积极推动与国际教育机构的合作，引进国外先进的教育理念和教育资源。白俄罗斯教育、医疗、住房保障水平较高，国家实行义务教育，高等教育有 50% 为公费。在独立初期，白俄罗斯人口死亡率一度高于出生率，2006 年情况根本扭转。为鼓励生育，白俄罗斯政府制定政策，三个以上孩子家庭可得到免费住房。只是此政策落实起来也是有难度的。

（二）医疗卫生

在医疗卫生领域，白俄罗斯不断完善医疗卫生体系，提高医疗技术水平。白俄罗斯全民共享公费医疗。一般情况下只有药费需自理，药品主要为国产，近年在医疗服务中增加了少部分政策允许的有偿服务。政府不断加大对医疗卫生事业的投入，以改善医疗设施和服务条件，为民众提供更加优质的医疗服务。

（三）社会保障

在社会保障制度上，白俄罗斯实行高水平社会保障。卢卡申科认为，苏联时期有良好的社会保障措施，应予延续。除住房、医疗、教育等基本社会保障外，他还从国情出发，实施渐进经济改革，保持并逐步完善国家宏观调控职能，取消不合理的优惠和特权，对贫困阶层实行有针对性的社会保护。从 2016 年按新白俄罗斯卢布及美元计算的主要行业工资情况可看出，工矿、金融保险、电讯等行业薪资较高，教育、文化等行业相对较低。在全国范围内，"居民有保障最高收入是最低收入的 5 倍，相当于奥、德、瑞士的水平"[②]，国家人均收入差距不大，城乡劳动者退休金始终有保障。

总之，白俄罗斯政府高度重视民生问题，不断加大投入力度，提高公共

---

① 程恩富，李燕. 白俄罗斯市场社会主义模式与启示 [J]. 经济社会体制比较，2021（2）：167.

② 同上.

服务水平。教育、医疗、文化等事业得到了长足发展，人民生活水平不断提高。同时，白俄罗斯还注重环境保护和可持续发展，努力建设美丽宜居的家园。据官方统计，白俄罗斯一般失业率为 0.4% ~ 0.5%，最低 0.2%，2022年是最高为 3.9%，2023 年降到 3.6%，整体看是世界上失业率较低的国家之一。[①] 然而，由于经济发展困难，一些社会问题仍然存在，如就业压力、贫富差距等。为了解决这些问题，白俄罗斯政府开始加强社会保障体系建设，提高公共服务的覆盖范围和质量。同时，政府还推动了一系列社会改革措施，包括提高妇女地位、保护儿童权益、加强环境保护等。

二　白俄罗斯的对外关系

白俄罗斯的外交目标是，奉行友好、中立和无核化立场，最大限度地维护其地缘政治经济和战略利益。在国际事务中，白俄罗斯积极参与地区和国际合作，努力维护国家主权和独立，推动建立公正合理的国际秩序。同时，白俄罗斯还积极参与地区冲突和危机的解决，为维护世界和平与稳定做出了积极贡献。

（一）白俄罗斯注重多元外交发展

卢卡申科主张在保证主权前提下，侧重维护与俄罗斯的传统关系，并发展与其他国家和组织的友好关系，努力打造良好外交环境。他指出，在全球化的当今世界，白俄罗斯需明确自身的国际关系定位再前行。[②] 白俄罗斯与俄罗斯、中国、欧盟国家及乌克兰、波兰等都保持良好稳定的外交关系，与委内瑞拉、南非、海湾国家、中国、伊朗、马来西亚、越南等国也具有良好的经贸合作关系。

基于多元外交理念，白俄罗斯积极参与国际事务，与世界各国开展广泛的合作。例如，白俄罗斯在能源、交通、农业等领域与俄罗斯、乌克兰等国家开展了紧密的合作，共同推动区域经济发展。白俄罗斯一直努力与世界各

---

① Показатели Безработицы в Беларуси ［EB/OL］.（2024-03-29）［2024-03-29］. https：// take-profit. org/statistics/unemployment-rate/belarus/.

② 程恩富，李燕. 白俄罗斯市场社会主义模式与启示［J］. 经济社会体制比较，2021（2）：163.

国建立友好关系，卢卡申科曾经说过："白俄罗斯应是后苏联空间乃至全球最国际化的国家。"①

（二）围绕高质量共建"一带一路"中白关系逐步升温

中国与白俄罗斯关系是白俄罗斯外交的一个特殊组成部分。早在执政初期，卢卡申科就提出了"了解中国，学习中国，接近中国"的理念。1995～2019 年，他多次访华，积极发展中白关系。2011 年 9 月，中白签署了建设工业园的协定。2013 年习近平提出"一带一路"倡议后，白俄罗斯积极响应，希望将该倡议与国家"一体化"战略结合，开展产业合作和项目对接。2014 年中国-白俄罗斯工业园开建，总投资计划 200 亿美元，这是中国与白俄罗斯共建"一带一路"合作项目，也是中国在海外的最大工业园，对白俄罗斯经济有引领作用，也是中国产品走向欧洲的重要渠道。以此为龙头，中白农业、机械制造等领域的合作也在持续深化。

总之，随着白俄罗斯在经济、政治和社会领域的不断进步，其在国际舞台上的形象也得到了提升。白俄罗斯以其稳定的政治环境、良好的经济发展和国际合作态度赢得了国际社会的认可和尊重。然而，白俄罗斯在国际舞台上也面临着一些挑战和争议。由于该国在政治、经济等方面与西方国家存在分歧，其在国际事务中的立场和影响力受到一定程度的限制。

民族国家的形成和构建是个复杂的历史进程。20 世纪白俄罗斯经历了两次建构过程。在 20 世纪初的第一次建构中，白俄罗斯虽形成了一定的民族身份意识，但白俄罗斯共和国仅存在不到一年时间。在 20 世纪 80 年代末至 90 年代初的第二次建构中，白俄罗斯共和国建立了，但白俄罗斯民族主义者未能对此前的政治传统做出重构。②

---

① Доклад Президента Республики Беларусь Александра Лукашенко на четвертом Всебелорусском народном собрании ｜ Официальный интернет‐портал Президента Республики Беларусь ［EB/OL］. （2021‐01‐13）［2024‐04‐02］. https：//Доклад Президента Республики Беларусь Александра Лукашенко на четвертом Всебелорусском народном собрани--news. by/news/prezident/rech_aleksandra_lukashenko_na_vsebelorusskom_narodnom_sobranii_emotsionalno_iskrenne_i_po_sushchestv.

② 张艳璐 . "白俄罗斯"国家和国名的由来［J］. 世界知识，2020（18）：48.

自 20 世纪 90 年代初苏联解体以来，白俄罗斯作为苏联解体后的继承国之一，面临着前所未有的挑战与机遇。在独立以来的 30 多年间，白俄罗斯在政治、经济、社会等各个领域都取得了显著的发展成就。新冠疫情的发生使白俄罗斯经济发展受挫，地缘政治格局的演变和俄乌冲突的持续，也给白俄罗斯的发展道路带来了隐忧和不确定性。

三　推出以加速国家现代化为目标的国家改革方案

2020 年底，白俄罗斯面临的主要任务是发展经济、完善社会福利政策、以政党建设推动民主政治。这首先要求修改宪法，同时也需要把民众反映强烈的社会问题以全国人民大会形式进行汇总，提出解决办法，编入 2021～2025 年社会发展规划。

白俄罗斯第六届全国人民大会于 2021 年 2 月 11～12 日举行。与以往相比，这是规模最大的人民大会，共有约 2700 人参加，其中 2400 个人民代表来自全国六州及明斯克市，涵盖各行业和社会各阶层，包括工人、农民、企业家、学生、退休人员，以及来自文化媒体行业、工会、政党和地方议会等的代表。这次大会被视为关乎白俄罗斯未来发展的一个重要契机。

（一）调整国家经济结构，提高非国有经济份额

为应对疫情及国内抗议带来的影响，白俄罗斯第六届全国人民大会通过了 2021～2025 年经济社会发展规划，确定了五年目标的优先事项，包括"幸福家庭"、"强大地区"、"知识环境"和"国家伙伴"等四个目标。"幸福家庭"就是在人民身心健康的基础上，加强传统家庭观念，关爱儿女和老人；"强大地区"就是提供舒适安全的生活与劳动环境，发达的社会基础设施，提高资本流动性，投资新兴高效行业；"知识环境"就是提供高质量并可负担得起的教育，发展个人潜力，发展科学并建设新型教育系统，培养高素质公民，使其掌握完全满足经济需求的技能和能力；"国家伙伴"就是加强国家与社会、国家与个人、国家与商业间的对话及互信。

独立以来，白俄罗斯国有企业或国家控股企业始终占经济总量的 70%左右，一些反对势力和西方国家提出批评，认为白俄罗斯国家垄断经济，不

利于经济健康发展。卢卡申科指出，经过此次调整后，国家经济结构已经发生变化，出现了一些新兴行业，非国有经济份额已接近 50%。从政策导向看，白俄罗斯政府有意降低国企占比，力图通过经济成分多元化、发展高新技术产业、推动民生产业发展带动产业格局的科学化、合理化。这些政策措施还在制定和初步落实阶段，但无疑将对国家管理、社会治理、民生改善、全民福利提升有极大促进作用。这是白俄罗斯探索适合自身条件的独立发展道路的新尝试。

（二）改革和加强政党建设，推动现代民主政治发展

卢卡申科在报告中提出，"必须使决策中心尽可能靠近民众"，以便有效实现政府和民众的双向反馈。白俄罗斯将继续完善《公务员法》，提高对公职人员的职责与能力要求，以消除腐败和官僚主义。大会确认，成立宪法委员会，该委员会包括国家机关、法律界、各经济部门和社会领域的代表。白俄罗斯还将重新分配国家机构的权力，包括中央与地方政府和自治机构的权力，加强政党在社会生活中的作用；支持民间组织解决特定的社会经济问题，采纳创新举措，充分发挥青年创造力；制订爱国主义教育计划，维护白俄罗斯人民的传统精神和道德价值观等。

（三）社会政策推陈出新，全方位回应民意

这次大会特别重视民众福利水平的提高。卢卡申科指出，白俄罗斯农业、社会及公共住宅服务行业从业人员工资偏低，部分体制内工作人员如教师、医生等收入不高，白俄罗斯政府争取在 2025 年前将医生工资提高到全国平均工资的 1.5 倍，将教师、护士、文化行业社会工作人员工资提高到全国平均水平。白俄罗斯全国月平均工资已达到 500 美元，[①] 为了提高这一水平，白俄罗斯政府将大力投资新兴产业，创造更多就业机会，为中小企业、小微企业发展创造良好条件，使民众勤劳致富。前一个五年计划期间，白俄

---

① Стоимость рабочей силы. Годовые данные. Национальный статистический комитет РеспубликиБеларусь［EB/OL］.（2021-02-12）［2024-05-09］. https：//www.belstat.gov.by/ofitsialnaya-statistika/realny-sector-ekonomiki/stoimost-rabochey-sily/godovye-dannye/.

罗斯通货膨胀率控制在 5%~6% 的正常水平,① 大会表示国家相关部门还将继续监管物价,以减轻低收入群体的生活负担。

人口危机是东欧部分国家带有普遍性的社会问题。因经济下滑,白俄罗斯近年来出生率下降,人口呈现负增长,2017~2019 年人口总数降至 20 世纪 70 年代后期水平,生育率基本维持在 0.17%,低于世代更替标准的 0.21%。这次大会提出了一项"多子女"计划,包含多项生育激励措施,如给无工作经验但育有四个子女的家庭主妇发放退休金,扩大"家庭资本"适用范围,完善社会服务体系等。白俄罗斯人口发展目标是将人口总数提高 1.5~2 倍,达到 1500 万~2000 万左右。②

白俄罗斯政府在恢复经济、保障民生、推动政党建设、完善国家民主政治、保持平衡外交等方面积极努力工作,以全方位回应民意。

综上所述,白俄罗斯在近 30 多年的发展过程中取得了显著成就,但在俄乌冲突背景下,白俄罗斯的发展也面临着多方面的隐忧。为了应对这些挑战,白俄罗斯政府需要制定全面的国家战略,加强国际合作,推动经济社会发展,维护国家安全和社会稳定。同时,白俄罗斯也需要加强国内改革和创新,提高自身的综合国力,以应对未来可能出现的各种风险和挑战。

---

① Инфляция в Беларуси [EB/OL]. (2021-04-16) [2024-05-09]. https://myfin.by/wiki/term/inflyaciya.

② Лукашенко предложил программу "МногодетнаяБеларусь" с серьезными овациями [EB/OL]. (2021-02-11) [2024-05-09]. https://www.belta.by/president/view/lukashenko-predlozhil-programmu-mnogodetnaja-belarus-s-serjeznymi-novatsijami-428202-2021/?ysclid=mcnja6supk633750516.

第三章
高质量全面发展的中白经贸关系

20 世纪 50 年代，中国与苏联的白俄罗斯加盟共和国就有着多种联系。比如，白俄罗斯维捷布斯克州奥尔沙亚麻厂曾援建了中国第一家，也是当时规模最大的亚麻厂——哈尔滨亚麻厂。60 多年后，这家中国企业用自己的装备、工艺和资金，在边生产、边改造，边设计、边施工的十分复杂和困难的条件下，帮助昔日的老师奥尔沙亚麻厂在短短两年内完成了现代化改造。如今奥尔沙亚麻厂已成为全球最大的亚麻纺织企业，为白俄罗斯出口创汇发挥了积极作用，成为中白互利合作的示范项目之一。这一相互学习、相互帮助的感人事例，生动诠释和升华了中白两国人民的传统友谊和互利合作。这个具体的故事在一定程度上是中白关系背景的浓缩和基调。

20 世纪 90 年代，国际局势发生了深刻变化。苏联解体、东欧剧变、冷战结束，全球政治格局进入了一个新的发展阶段。在这样的背景下，中国和白俄罗斯这两个国家在不同的政治、经济和社会环境中逐步建立并发展了双边关系。中国在 20 世纪 90 年代正处于改革开放的重要阶段，经济迅猛发展，对外开放程度不断加深。而白俄罗斯则在苏联解体后独立，面临国家建设和经济转型的巨大挑战。两国国内环境的不同决定了其对外政策的特点和对双边关系的需求。自 1992 年中国与白俄罗斯建交以来，两国关系经历了多个阶段的发展，逐渐从高层交往频繁到建立全面战略伙伴关系再到建立相互信任、合作共赢的全面战略伙伴关系，又走向了全天候全面战略伙伴关系。1992～2025 年，中国与白俄罗斯的关系经历了许多重要的里程碑事件，这些事件不仅推动了双边关系的深入发展，而且为两国之间的友好合作奠定了坚实的基础。

　　本章是对"对象-过程-项目-人文"框架下合作关系"过程"的研究，通过构建中白经贸合作的"五阶段演进模型"，呈现了 30 多年来中国与白俄罗斯关系发展的脉络和多维面貌，尤其是"一带一路"倡议提出后的迅速和深度发展。2022 年两国建立全天候全面战略伙伴关系以来中白经贸合作不断增强，结构持续优化。

第一节　中白经贸稳步发展

　　自 1992 年 1 月 20 日中白两国正式建立外交关系以来，两国关系始终保持健康稳定发展。30 年来，两国在政治、经济、文化等领域的合作不断深化，取得了显著成果。尤其是近年来，随着"一带一路"倡议的推进，中白两国的合作更加紧密，双边关系也迈上了新的台阶。中白在协同中高质量全面发展，意味着两国在经济、贸易、科技等领域的深度合作，以及在文化、教育、旅游等领域的广泛交流。这样的发展模式有助于推动两国经济的持续发展，促进两国人民的相互了解和友谊。

一　友好合作关系时期（1992～2000年）

　　1990 年 7 月 27 日，白俄罗斯苏维埃社会主义共和国颁布国家主权宣言。1991 年 8 月 25 日，白俄罗斯国家主权宣言被赋予宪法地位，宣布脱离苏联独立。同年 9 月 19 日，新的国家名称——白俄罗斯共和国获得批准。1992 年 1 月 20 日中白两国正式建交，开启友好往来序幕。这是两国关系史上的重要时刻，为两国未来的合作和发展打开了新的篇章。双方签署了《中华人民共和国政府和白俄罗斯共和国政府关于经贸合作的协定》，为两国关系的长期稳定发展提供了法律保障。作为新独立的国家，白俄罗斯与中国的建交是其外交政策中的一大亮点。两国在建交初期的互动主要集中在政治互信的建立和外交关系的确立上。

1992 年 7 月，卢卡申科通过选举当选为白俄罗斯独立后的首位总统。独立后的白俄罗斯拥有了独立的国家主权，赢得了更广阔的发展空间和机遇，但也面临着许多挑战和机遇。

（一）20 世纪 90 年代中白关系的发展过程

20 世纪 90 年代，中白关系在政治、经济、科技和社会交流方面都得到一定的发展，为 21 世纪两国关系的发展奠定了良好的基础。

政治方面，20 世纪 90 年代中期，两国高层互访频繁。1994 年中白两国领导人实现了互访。互访期间，双方就加强经济、贸易、科技、文化等领域的合作达成了共识。1995 年白俄罗斯总统卢卡申科首次访问中国，双方在会谈中达成了多项共识，并签署了一系列合作协议。随后，中国领导人也多次访问白俄罗斯，进一步巩固了两国的政治互信。2000 年 7 月中国国家副主席胡锦涛访问白俄罗斯；9 月，全国人大常委会委员长李鹏访问白俄罗斯，进一步加强了两国的政治交流与合作。

经济方面，20 世纪 90 年代初，白俄罗斯经济面临困境，中国给予一定资金借款和经济援助，帮助其渡过难关；90 年代后期，中白两国的经济合作逐步走向深入。1992 年两国正式签署了《中华人民共和国政府和白俄罗斯共和国政府关于经贸合作的协定》，为双边贸易和投资合作提供了便利。两国在贸易、投资、科技等领域展开了多层次、多形式的合作。我国进口白俄罗斯的机械产品，向白俄罗斯低价出售轻纺产品和食品。1992～2000 年，中白贸易额整体呈增长趋势。

1992 年中白两国建交之初，双边贸易额只有 3390 万美元，此后几年一直徘徊不前，2000 年才达到 1.14 亿美元，但 2001 年又大幅下降 61.9%。从 2002 年开始，双边贸易才连续六年稳步上升。据我国海关统计，2007 年中白双边贸易额达到 8.4 亿美元，同比增长 30.3%，创历史新高。2008 年，中白双边贸易额 8.6 亿美元，同比增长 2.3%，其中我国出口 3.6 亿美元，同比增长 59%，进口 5 亿美元，下降 18.8%。而据白方统计，2008 年双边贸易额已达 20.39 亿美元，同比增长 58.2%，其中白俄罗斯对我国出口 6.24 亿美元，增长 22.5%，进口 14.15 亿美元，增长 73.4%。① 中国向白俄罗斯提供了多方面的经济援助和技术支持，而白俄罗斯也为中国企业提供了投资和市场机会。

科技方面，1996 年中白政府间科技合作委员会成立，为两国科技合作搭建了重要平台，推动了科技交流与合作项目的开展；20 世纪 90 年代末，白俄罗斯向中国提供重型轮式牵引车技术，帮助中国解决东风导弹发射车机动性不足等问题，实现了双方在军事科技领域的深度合作，促进了中国军事技术的发展。

社会交流方面，1995 年 12 月 14 日，两国签署《中华人民共和国文化部和白俄罗斯共和国文化出版部一九九五年至一九九七年合作议定书》，在文化艺术领域开展了广泛的交流与合作，包括互派艺术团、举办工艺品展、互派文化工作者代表团和博物馆专家等；1999 年，两国开始互办文化日，增进了两国人民之间的相互了解和友谊。

（二）中白关系发展的意义

中白关系发展的一个显著特征是高度的政治互信。两国在多边事务中保持密切合作，在国际组织中相互支持。这种政治互信为两国关系的全面发展奠定了坚实基础。同时，两国经贸合作不断扩大，文化、教育、科技等多个领域的合作也在不断深化。双方通过各种交流项目和合作协议，促进了两国人民之间的了解和友谊。

冷战结束后的十几年，中白两国建立了初步合作框架，为后续两国关系的深入发展奠定了良好基础。

一是为两国发展提供动力。中白关系发展为两国的经济和社会发展提供了重要动力。中国的经济援助和技术支持帮助白俄罗斯在独立初期克服了一些经济困难，而白俄罗斯的市场和资源也为中国企业提供了新的发展机遇。

---

① 商务部网站.中国与白俄罗斯双边贸易［EB/OL］.（2009-03-12）［2024-08-12］.http：// by. mofcom. gov. cn/zbhz/hzjj/art/2009/art_be73836bb06348928aa6f68e421850de. html.

二是增进了人民之间的友谊。中白两国人民通过各种交流和合作项目，增进了相互的了解和友谊。这不仅有助于深化两国关系，也为两国未来的发展奠定了良好的社会基础。

三是成为维护地区稳定的重要力量。中白关系的稳定发展有助于维护地区的和平与稳定。两国在许多国际和地区问题上立场一致，通过合作与协调，共同应对各种挑战，为地区稳定做出了贡献。

四是中白关系开始成为双边关系中的典范。中白关系的发展模式为其他国家之间的双边关系提供了有益的借鉴。两国秉持平等互利、合作共赢的原则，推动双边关系不断向前发展，为国际关系发展树立了典范。

20世纪90年代是中白关系发展的重要时期。在这一时期，两国关系发展也面临着一些挑战和困难，但两国通过政治互信、经贸合作和多领域的交流，逐步建立并深化了双边关系。这一关系不仅对两国的发展具有重要意义，也为维护地区和平与稳定做出了积极贡献。

二 高层交往走向频繁时期（2001~2012年）

进入21世纪，国际形势持续深化。全球化进程加快，信息技术革命带来新的发展机遇与挑战。同时，国际政治格局逐渐向多极化发展，中国在国际事务中的影响力不断上升，白俄罗斯在独立后逐步确立了自己的外交政策和国际地位。

中国在这一时期继续推进改革开放政策，经济持续高速增长，综合国力显著提升。白俄罗斯则在卢卡申科总统的领导下维持着国家稳定和经济发展。这一阶段中国与白俄罗斯的友谊与合作不断深化。2001~2012年，中白关系在政治、经济、文化等多个领域取得了长足发展。两国通过高层互访、经贸合作和多层次交流，不断深化政治互信，拓展合作领域。

（一）中白关系发展过程

21世纪的前十几年，中白两国领导人有过多个回合的正式国事访问。2001年4月白俄罗斯总统卢卡申科对中国进行国事访问，7月中国国家主席江泽民对白俄罗斯进行国事访问，这是中国国家元首首次访问白俄罗斯；

2005 年 12 月，白俄罗斯总统卢卡申科对中国进行国事访问，两国元首共同
签署了联合声明，宣布中白关系进入"全面发展和战略合作的新阶段"，两
国签署了经济技术合作等 12 项文件。2012 年巨石工业园开始建立。

2001~2012 年，中白经贸关系迅速发展。2006 年，两国双边贸易额突
破 10 亿美元，此后持续增长。中国成为白俄罗斯的重要贸易伙伴，两国在
机械制造、化工、农业等领域展开了深入合作。到 2008 年时，中白贸易额
已达到近 9 亿美元。然而，2008 年经济危机席卷全球，对世界各国经济造
成不同程度的打击，打断了白俄罗斯上升的经济势头，白俄罗斯经济迟滞、
资金缺乏、产品积压，国民收入锐减，经济大幅下滑，当时的俄罗斯因自顾
不暇而无法支援。

在这种危急的时刻中国给白俄罗斯提供了贷款和经贸合同，使陷入困境
的白俄罗斯渡过了难关。我国先是与白俄罗斯签署了超过 6 亿美元的工程承
包和劳务合同，随后更是向白俄罗斯提供了两笔优惠买方贷款，金额高达
20 亿美元。中国的这些援助举措极大地缓解了白俄罗斯的经济困境，使岌
岌可危的白俄罗斯政府有惊无险地渡过了经济危机。从这时起，中白两国开
始进行相互投资合作、工程承包和科技研发等多领域多层次的合作交流，中
国成为白俄罗斯在亚洲最大的贸易伙伴。2010 年，中国企业在白俄罗斯投
资建设的中白巨石工业园①项目开始启动，成为两国经贸合作的重要象征。
中白两国在科技和文化领域的交流与合作也取得了显著进展。

（二）中白关系的特征和意义

在 21 世纪初的十年里，中白关系的发展呈现以下三个特征。

一是政治互信不断深化。这一时期，中白两国在国际和地区事务中继续
相互支持，维护共同利益。两国在联合国等国际组织中保持密切合作，共同
应对全球挑战。这种高度的政治互信为双边关系的发展提供了坚实保障。

二是经贸合作领域不断拓展。中白经贸合作领域不断拓展，从传统的商
品贸易扩展到投资、基础设施建设等方面。特别是中白工业园的建设，标志

---

① 本书也称中白工业园。

着两国经贸合作进入了新的阶段,为两国经济发展注入了新动力。

三是多层次交流不断加强。中白关系的发展不仅体现在高层交往和经贸合作上,还表现在科技、教育、文化等多领域的交流与合作。两国在这些领域的合作项目不断增加,交流形式更加多样化,为双边关系的全面发展奠定了基础。

中白关系的发展具有以下四方面的意义。

一是推动两国经济发展。中白关系的发展为两国经济注入了新动力。中国企业在白俄罗斯的投资和项目建设带动了当地经济的发展,同时也为中国企业开拓了新的市场。两国经贸合作的深入,为双方经济增长提供了新的动力。

二是加强国际合作与区域稳定。中白在国际事务中的合作,有助于维护地区和全球的和平与稳定。两国通过在国际组织中的协调,共同应对各种挑战,体现了中白关系的重要战略意义。

三是促进民间友谊与文化交流。通过多层次的交流与合作,中白两国人民之间的了解和友谊不断加深。这不仅有助于两国关系的长远发展,也为两国文化的多样性和互鉴提供了平台。

四是树立国际合作典范。中白关系的发展模式,尤其是在平等互利、合作共赢原则下取得的成果,为其他国家间的双边关系提供了有益的借鉴,在当时已经成为国际合作的典范。

总之,进入 21 世纪后,中国与白俄罗斯的关系得到了进一步发展。双方高层互访频繁,政治互信不断增强。在经济领域,两国贸易额持续增长,投资合作也逐渐增多。此外,双方在文化、教育、科技等领域的交流与合作也日益频繁和深入。这些成果不仅增强了两国人民的友谊,也为两国关系的全面发展奠定了坚实基础。

第二节 "一带一路"倡议助力中白关系升级

如上一章所述,白俄罗斯地缘位置十分重要,欧洲高速公路 E30 穿过白俄罗斯境内，从中国出发的中欧班列，目前有 9 条线路在白俄罗斯与波兰交界的布列斯特换轨进入欧洲，铁路还直通波罗的海沿岸拉脱维亚里加港、立陶宛克莱佩达港和波兰格兰斯克港以及黑海沿岸乌克兰奥德萨港，形成海铁联运的便捷通道。

"一带一路"倡议自 2013 年提出至今，已成为促进全球经济增长、深化区域合作的重要平台。从 2013 年至 2025 年，中国和白俄罗斯两国间的贸易往来不断增多，合作项目层出不穷，为两国经济发展带来了显著的推动作用。

中白双方政治互信更加巩固，频密的元首交往展现了中白高水平政治和战略互信。坚定不移推进中白关系、深化中白友谊、造福中白人民是两国元首达成的重要共识。

一　两国建立全面战略伙伴关系（2013～2015年）

自 2013 年以来，"一带一路"在实践中产生了很多创新成果，尤其是在政策沟通、设施联通、贸易畅通、资金融通和民心相通 "五通" 方面，探索出互利共赢的国际合作新模式。① 两国元首的互访有力地推动了双方的政策沟通。

2013 年，中国与白俄罗斯关系迎来了新的历史机遇。中国与白俄罗斯的政治关系持续深化。两国高层互访频繁，不断巩固双边关系的基础。2013 年，中国国家主席习近平对白俄罗斯进行了国事访问，与白俄罗斯总统卢卡申科举行会谈，共同签署了多项合作协议，标志着两国关系进入了一个新的阶段。此后，两国元首多次在重要多边场合会晤，共同推动双边关系向前发展。2013 年 7 月 16 日，习近平主席与白俄罗斯总统卢卡申科在北京举行会谈，两国元首宣布建立中白全面战略伙伴关系，并共同签署《中华人民共和国和白俄罗斯共和国关于建立全面战略伙伴关系的联合声明》，这是两国

---

① 中国一带一路网．"一带一路"：沿着 "五通" 方向前进 ［EB/OL］．（2017-05-02）［2024-08-12］．https：//www.yidaiyilu.gov.cn/p/12120.html.

关系发展史上的又一重要里程碑，标志着两国关系迈上了新的台阶。在此框架下双方签署了多项合作协议，包括经贸、科技、教育、文化等领域的合作。两国还加强了在国际事务中的协调与合作，共同维护地区和世界的和平与稳定。

2014年12月，中白两国正式签署《中国商务部和白俄罗斯经济部关于共建"丝绸之路经济带"合作议定书》。该协议重点涵盖贸易、投资、经济技术、工业园区及基础设施互联互通等领域。

2015年5月，中国国家领导人应邀对白俄罗斯进行国事访问，分别同卢卡申科总统等领导人举行会谈，签署《中华人民共和国和白俄罗斯共和国友好合作条约》和《中白关于进一步发展和深化全面战略伙伴关系的联合声明》。这次历史性的访问以其丰硕成果被载入中白关系史册。同样，卢卡申科总统也多次访华或赴华出席活动。

二 两国建立相互信任、合作共赢的全面战略伙伴关系（2016~2021年）

2016年9月，两国元首宣布建立相互信任、合作共赢的全面战略伙伴关系，提出发展全天候友谊，打造利益共同体和命运共同体。2016年中白工业园取得实质性进展，工业园一期基础设施完工，2017年进入全面招商阶段，成为中白合作的"样板工程"。2018年，中白两国元首在北京举行会晤，双方就深化政治互信、拓展务实合作、加强人文交流等问题达成了重要共识。此外，两国还签署了多项合作协议，涉及经贸、科技、教育、文化等多个领域。2021年，中白两国全面战略伙伴关系持续深化。两国在经贸、科技、教育、文化等领域的合作不断加强，人文交流日益频繁。两国还加强了在国际事务中的协调与合作，共同维护地区和世界的和平与稳定。

2020年，随着新冠疫情的全球肆虐，全球治理体系也面临挑战，单边主义、霸权主义、干涉主义、冷战思维和零和博弈阻碍着广大发展中国家维护自身的正当权益。中白两国以长远和宽广的视野谋划未来的合作，主动适应国际环境的变化并积极参与国际秩序的变革。两国加强多边框架下的合作，倡导并践行人类命运共同体理念，使国际环境的变化有利于中白两国以及广大发展中国家的利益。

三　两国建立全天候全面战略伙伴关系（2022年至今）

2022 年 9 月，两国元首在撒马尔罕举行会晤并共同决定将中白关系提升至全天候全面战略伙伴关系，实现了两国关系的历史性跨越。会晤后，两国元首共同发表《中华人民共和国和白俄罗斯共和国关于建立全天候全面战略伙伴关系的联合声明》，为中白各领域合作提供了全方位的路线图。正如两国元首在联合声明中指出的，这一决定是基于提升双边关系水平、体现中白关系示范作用和进一步推动两国各领域合作的共同意愿，并考虑到当前国际和地区形势的深刻变化而作出的。2023 年 2 月底 3 月初，卢卡申科总统疫情后首次访华，两国元首共同签署《中华人民共和国和白俄罗斯共和国关于新时代进一步发展两国全天候全面战略伙伴关系的联合声明》。2023 年 12 月，卢卡申科总统年内第二次访华。可以说，两国元首的每一次互访，都为中白关系发展注入了强劲动力。

在国际和地区事务中，中白两国保持着密切协调与合作。在联合国等国际组织中保持着良好的合作，共同推动国际事务朝着公正合理的方向发展。在地区安全问题上，中白两国有着广泛的共同利益，双方积极开展安全合作，共同维护地区和平稳定。2010 年白俄罗斯成为上海合作组织对话伙伴国，到 2024 年 7 月走完了所有程序正式成为上海合作组织成员国，中白国际协作也更加高效。中白两国是参与全球治理体系改革和建设的重要力量。两国领导人在历次会见会谈中就国际和地区热点问题交换意见，双方在构建新型国际关系、反对霸权强权等方面的立场高度契合。卢卡申科总统指出，中国提出的共建"一带一路"等全球倡议是真正凝聚国际社会共识与合作的伟大事业。两国元首的战略引领为中白在多边平台的合作提供了行动指南。

中白还在双边框架以及联合国、上海合作组织等多边机构内积极开展安全合作，为应对全球安全挑战做出积极贡献。双方在安全相关的重大问题上立场相近，双方关于安全问题的共识写入了《中华人民共和国和白俄罗斯共和国关于建立全天候全面战略伙伴关系的联合声明》《中华人民共和国和白俄罗斯共和国关于新时代进一步发展两国全天候全面战略伙伴关系的联合声明》等一系列双边重要政治文件，具体可以在中方提出的全球安全倡议中找到解读。这些核心理念和原则包括：一是坚持共同、综合、合作、可持续的安全观；二是坚持尊重各国主权、领土完整；三是坚持遵守《联合国宪章》宗旨和原则；四是坚持重视各国合理安全关切；五是坚持通过对话协商以和平方式解决国家间的分歧和争端；六是坚持统筹维护传统领域和非传统领域安全。

中国作为世界上最大的发展中国家，与白俄罗斯这个具有悠久历史和文化的国家之间的合作，不仅是两国关系的重要体现，也是地区和世界稳定繁荣的关键因素。中白高质量全面发展是指在经济、社会、文化等多个领域实现全面进步，提高人民生活水平，实现可持续发展。中国与白俄罗斯作为两个具有不同国情和发展阶段的国家，共同追求协同中高质量全面发展的目标具有重要意义。

第三节 "一带一路"倡议下中白经贸深入发展

贸易畅通和资金融通是"一带一路"实现"五通"中的两个重要方面。在"一带一路"框架下，中白两国在政策沟通基础上实施了一系列互利互惠、成果丰硕的联合项目，实现了中白之间的贸易畅通和资金融通，其中发挥最重要作用的平台当属中白工业园。中白工业园凭借自身优越的营商环境和成熟的配套设施，成为各国企业赴白投资兴业的首选之地。此外，两国还共同实施了白俄罗斯吉利汽车、国家生物技术公司等联合项目。可以说，中白共建"一带一路"合作所取得的每一项成就都是两国务实合作的一座里程碑，它们共同构筑起中白关系亮丽的风景线。

一 经贸合作不断增强且结构持续优化

中白共建"一带一路"以来，双方投资、贸易额以及科技合作等方面的发展，呈现了中白经贸合作蒸蒸日上的面貌。一方面，中国企业在白俄罗斯投资的领域涉及机械制造、电子信息、农业等多个领域，为白俄罗斯的经济发展注入了新的活力；另一方面，白俄罗斯"戈梅利农业机械厂"在中国与山东潍坊国邦机械有限公司合作，成立了合资企业，生产联合收割机供应中国市场；白俄罗斯钾肥公司在中国设有代表处，负责钾肥在中国市场的销售和推广等。投资驱动贸易规模扩张，基础设施投资打通贸易通道，产业园区投资优化贸易结构，技术合作提升贸易竞争力，中国稳居白俄罗斯第二大贸易伙伴国地位。白俄罗斯是中国在欧亚地区增长最快的贸易伙伴之一，双边贸易额稳步扩大，贸易结构持续优化。经贸合作成为中白全天候全面战略伙伴关系高水平运行的推动器，越来越多的中国企业选择赴白俄罗斯投资兴业，一大批造福人民的重大项目在这片热土开花结果，在白俄罗斯的每一个州都能看到中国企业和中白合作项目的身影。中国与白俄罗斯的经贸关系取得了令人瞩目的成就，双边贸易额持续增长、投资合作不断深化、重点项目进展顺利，这些都为两国经济的发展带来了实实在在的好处。

在农业领域，中白双方强调将为即食品和原材料对等贸易创造有利条件，推动现代化高科技农业项目顺利实施，继续支持优质农产品相互出口到对方国家。在工业领域，双方将在平等互利基础上，基于市场原则开展两国工业合作，推进白方传统产业升级改造，加强双方企业在零部件、原材料等方面合作，发挥中国先进技术优势，开展联合生产。在金融领域，双方商定不断扩大相互投资，将在市场化、自主化、法治化的基础上开展金融领域务实合作，扩大本币在双边贸易和投融资中的使用，支持金融机构积极开展合作，进一步提升金融服务水平，促进双边经贸发展。

据白方报道，尽管在特定年份出现了贸易额的波动，中国对白俄罗斯的直接投资在过去十年中增长了 200 倍，特别是在中白工业园的发展方面，两国间的合作尤为显著。① 在过去十年中,中国在白俄罗斯的外国直接投资(FDI)激增了 200 倍,为包括住宅、医院和工业园基础设施在内的各种基础设施项目做出了贡献。自 2015 年以来,中国已为 12 个重点项目提供了近 1.85 亿美元的援助。② 另外,科技合作也有序展开。到 2024 年,白俄罗斯和中国计划实施 35 个联合科技项目,重点是数字技术、生物技术、制药和新材料。③ 截至 2023 年底,中国对白俄罗斯的直接投资累计超过 1 亿美元。中国企业在白俄罗斯参与了 40 多个项目,涵盖了多个领域,并且还有 20 多个有潜力的项目正在筹划中。④

据中方统计,2023 年前 11 个月,中白双边货物贸易额达 76.32 亿美元,同比增长 68.4%。其中,中国对白出口 52.32 亿美元,同比增长 82.6%,主要对白出口车辆及零件、电机设备、机械器具等。中国自白进口 24 亿美元,同比增长 44%,主要进口肥料、牛肉、禽肉、菜籽油、奶粉等优质农产品。⑤ 中白贸易合作前景光明,中国京东、抖音等电商平台上"白俄罗斯国家馆"热度攀升,白俄罗斯的优质农产品和食品走进中国消费者的视野,目前已拥有上百万粉丝量,引起积极反响。2023 年 11 月,白俄罗斯第六次参加中国国际进口博览会,六州一市均派出高规格代表团携众多优质产品亮相,全方位展现白俄罗斯农业、工业、科技创新和文旅魅力,共享进博会机遇。相信中白两

---

① Прямые иностранные инвестиции из КНР в экономику Беларуси возросли в 200 раз за последние 10 лет —— заместитель министра экономики Беларуси [EB/OL]. (2019-08-28) [2024-05-20]. https://russian. news. cn/2019-08/28/c_138344527. html.

② FDI from China to Belarus 200 times up in last ten years [EB/OL]. (2019-08-27) [2024-05-20]. https://www. belarus. by/en/business/business-news/fdi-from-china-to-belarus-200-times-up-in-last-ten-years_i_0000103029. html.

③ Belarus, China to implement 35 sci-tech projects by 2024 [EB/OL]. (2022-11-29) [2024-05-20]. https://www. belarus. by/en/business/business-news/belarus-china-to-implement-35-sci-tech-projects-by-2024_i_0000150140. html.

④ Belarus, China to sign agreement on trade in services and investment in 2023 [EB/OL]. (2023-04-19) [2024-05-20]. https://www. sb. by/en/belarus-china-to-sign-agreement-on-trade-in-services-and-investment-in-2023. html.

⑤ 中国驻白俄罗斯大使馆网站. 谢小用大使就中白关系、两国经贸合作、共建"一带一路"合作等问题接受 21 世纪经济报道专访 [EB/OL]. (2023-12-30) [2024-05-11]. http://by. china-embassy. gov. cn/chn/sssgxwdt/202312/t20231230_11215533. htm.

国会继续利用好各类电子商务平台和优质展会机遇，乘势而上，充分发挥双边贸易结构的良好互补性，使双边贸易不断迈上新台阶。

近年来经受住了新冠疫情以及一系列外部负面因素的严峻考验，双边贸易额逆势增长、屡创新高，展现了两国经贸关系的强大韧性和巨大潜力。从2013年中国与白俄罗斯年贸易总额25亿~30亿美元，增长到2022年的近百亿美元。其中，中国对白俄罗斯的出口额占比较大，主要涉及机电产品、化工产品、纺织品等；而从白俄罗斯进口的主要是钾肥、木材、农产品等产品。据中方统计，2022年中白贸易额（即双边货物进出口额）达到50.8亿美元，同比增长33%；其中，中国自白进口额增幅高达65.4%，对白出口额增幅达到20%。2023年1~5月，中白贸易额达37.2亿美元，同比增长127%；其中，中国自白进口额增幅高达86.9%，对白出口额增幅达156.2%。2023年中国从白俄罗斯的第五大贸易伙伴跃升为仅次于俄罗斯的第二大贸易伙伴，白俄罗斯也是中国在欧亚地区增长最快的贸易伙伴之一。2023年中白双边贸易额达84.43亿美元，同比增长67.3%，再创历史新高。[①]

中国与白俄罗斯之间近十年来的贸易额（即双边货物进出口额）整体增幅较大，如图3-1所示。

图3-2中将中国与白俄罗斯的贸易额（即双边货物进出口额）分开标识展示，可见中国对白俄罗斯贸易额近些年一直是递增的，而白俄罗斯对我国贸易额在逐年递增的基础上在2024年稍有降低。

中白双边贸易额屡创新高，在其丰硕成果中钾肥贸易占据了很大比例。白俄罗斯钾肥生产公司为全球领先的钾肥生产企业，年产能近1500万吨，在全球份额占比20%。白俄罗斯钾肥贸易公司是白俄罗斯钾肥生产公司的独家贸易代理商，向全球近140个国家出口钾肥产品。但是，由于国际市场上钾肥价格的下跌，2024年白俄罗斯对中国的钾肥出口额几乎减少了一半，

---

① 中国驻白俄罗斯大使馆网站. 谢小用大使在白俄罗斯国家通讯社发表署名文章：《中国经济"成绩单"来之不易》［EB/OL］.（2024－02－20）［2024－05－11］. http：//by. china-embassy. gov. cn/chn/sssgxwdt/202402/t20240220_11247545. htm.

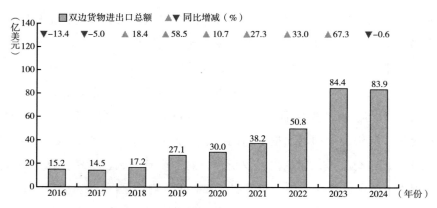

图 3-1 2016~2024 年中国与白俄罗斯双边货物进出口额

资料来源：华经情报网_华经产业研究院.2024 年中国与白俄罗斯双边贸易额与贸易差额统计.https://www.huaon.com/channel/tradedata/1053776.html.

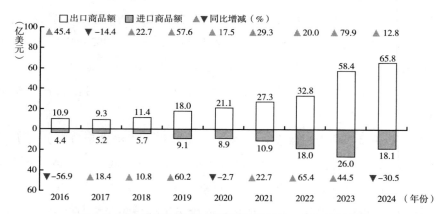

图 3-2 2016~2024 年中国与白俄罗斯进、出口商品总值

资料来源：华经情报网_华经产业研究院.2024 年中国与白俄罗斯双边贸易额与贸易差额统计.https://www.huaon.com/channel/tradedata/1053776.html.

其他如食品类产品的出口也有所下降。① 这也是 2024 年白俄罗斯对我国贸易额较 2023 年降低的主要原因。

---

① 中国驻白俄罗斯大使馆网站.谢小用大使赴索利戈尔斯克考察调研白俄罗斯钾肥企业［EB/OL］.（2023-06-15）［2024-05-11］.http：//by.china-embassy.gov.cn/chn/ambas/huodong/202306/t20230615_11098326.htm.

整体来看，中国和白俄罗斯的贸易关系持续深化，双方在多领域的合作也推动了双边贸易的稳定增长，反映了两国在经济领域的紧密合作。

二　中白工业园是中白合作的重要工程

中国和白俄罗斯的经济具有较强的互补性，"一带一路"背景下彼此相辅相成的作用更加凸显出来，主要体现在以下几个方面：首先，两国资源与制造业互补。白俄罗斯资源丰富，拥有矿产、森林和水资源，而中国则以制造业和技术创新见长。白俄罗斯的资源优势可以为中国制造业提供原材料，中国的技术和资金则有助于推动白俄罗斯工业现代化。其次，两国产业结构与市场互补。中国在电子、通信、机械制造等高科技领域具备优势，而白俄罗斯在重型机械、农业机械和化工领域有竞争力。两国通过经济合作，可以实现产业互补，共同推动产业升级。白俄罗斯的市场规模相对较小，但其地理位置使其成为连接欧亚的桥梁。中国企业可以利用白俄罗斯作为进入欧盟和俄罗斯市场的平台，白俄罗斯则可以通过与中国的合作，进入庞大的中国市场，实现双赢。最后，两国各自的擅长领域和人力资源有所交叉。中国在基础设施建设和高科技领域有显著优势，而白俄罗斯在机械制造和科研方面有良好基础。通过合作，中国的技术和资本可以帮助白俄罗斯提升基础设施水平，而白俄罗斯的科技能力也能为中国提供支持；中国拥有大量技术工人和工程师，而白俄罗斯有较强的教育和科研传统。两国可以在人力资源方面互补，通过合作培养更多高素质人才，推动技术转移和创新。

因此，经贸合作是中白关系的重要组成部分，双方在贸易、投资、基础设施建设等领域取得了显著成果。双方在农产品、机电产品等领域保持着良好的贸易往来。中国逐渐成为白俄罗斯在亚洲最大的贸易伙伴。中国在白俄罗斯参与建设了多个重要基础设施项目，如中白工业园、明斯克地铁等，为白俄罗斯经济社会发展提供了有力支持。

2010 年，中白两国政府签署了关于共同建设中白工业园的协议。这一项目被视为两国经贸合作的重要里程碑，为白俄罗斯的经济转型和发展注入了新的活力。工业园的建设不仅促进了中白两国的经贸往来，也为两国在科技、教育、文化等领域的交流提供了新的平台。2017 年，中白工业园的建设取得了重要进展。园区的基础设施建设不断完善，吸引了越来越多的中外企业入驻。新冠疫情期间两国政府也都加强了对工业园的支持力度，陆续推动了一批重点项目的落地和实施。工业园成为中白两国在经贸、科技等领域合作的重要平台。中国企业在白俄罗斯的投资领域不断拓宽，涉及机械制造、电子信息、农业等。同时，白俄罗斯也在中国投资了一些重要项目，双方投资合作不断深化。

中白工业园是"一带一路"建设的标志性工程，也是两国互利合作的示范项目。到 2021 年 7 月时，园区已吸引 13 个国家的 71 家企业入园，意向投资额逾 12 亿美元，创造直接就业岗位 1000 余个。欧亚铁路公司的入驻，将实现中欧班列等铁路运输大通道与中白工业园的对接，对于中白工业园的未来发展具有重要意义，中白工业园还被白俄罗斯政府列为首个 5G 试验区和首个无人车试验区。

中白双方商定共同推进中白工业园高质量发展，将其打造为国际化合作项目和明斯克卫星城市，强调在中白工业园开展中医药合作项目的重要性和进一步发展人力资源的必要性。此外，两份成果文件还将数字经济、绿色经济、高新技术、跨境运输、地方合作等列入两国未来经贸合作重点领域。下一步，中白双方将全力落实好两国元首重要共识，在共建"一带一路"框架内深化全面务实合作，稳步提升双边贸易和投资水平。

白俄罗斯处于欧亚大陆交通枢纽地位，80% 以上的中欧班列经过白俄罗斯，白俄罗斯可以继续开拓中国市场，扩大对华出口。要以中白工业园建设为牵引性项目，调动和吸引多边开发性金融机构资源，保障园区在商业和财政上的可持续性。尽可能引进龙头企业，发展支柱产业，并形成有核心竞争力的产业集群，增强开拓国际市场的能力。中白工业园要建立严格的监督机制，还可以与科研院所加强合作，为园区未来发展储备人才，最终目标是将中白工业园打造成为真正国际化的生态产业园。

三　中国与白俄罗斯设施联通并合作共赢

设施联通是"一带一路"在国际实践中实现"五通"方面的重要一"通"，在中国与白俄罗斯关系中表现尤为突出。中国与白俄罗斯近十年来在基础设施合作方面取得了显著成果，以下是部分主要合作项目。

（一）中白巨石工业园（China Belarus Great Stone Industrial Park）

中白巨石工业园位于白俄罗斯明斯克州斯莫列维奇区，占地 112 平方公里，距首都明斯克市仅 25 公里，毗邻明斯克国际机场，距机场仅 5 分钟车程，连通柏林—明斯克—莫斯科的 M1（欧洲 E30 洲际高速）公路和连接明斯克机场和市区的 M2 公路从园区穿过，交通极为方便。这个被称为丝绸之路"明珠"的旗舰项目已经发展成为一个高科技产业的主要枢纽。

（二）中欧班列工程

中欧班列作为连接中国与欧洲的重要物流通道，促进了中国与白俄罗斯之间的贸易往来和基础设施建设。白俄罗斯位于欧亚大陆中心，是中欧班列重要的一环。近年来，中欧班列的开行数量不断增加，为白俄罗斯等共建国家带来了更多的贸易机会和基础设施投资。中欧班列的开通改善了白俄罗斯作为内陆国的物流状况，已成为西方制裁背景下白俄罗斯主要对外运输方式，为白俄罗斯对外经济交往提供了保障，为中白进一步扩大双边货物贸易创造了良好条件。

当前，中国武汉、重庆、厦门、西安、义乌、合肥等地开通了至白俄罗斯明斯克、索利戈尔斯克、若季诺等地的中欧班列，"渝新欧""义新欧""合新欧""苏满欧"等重要路线皆途经白俄罗斯。据白方统计，2021 年白俄罗斯每月向中国发运 10~12 列集装箱班列，2022 年每月可发运 82 列。目前，白俄罗斯铁路场站基础设施作业能力可保障每月服务至少 120 列中白间集装箱班列。[①]

---

① 中国驻白俄罗斯大使馆网站. 谢小用大使就中白工业园、中白共建"一带一路"合作、中欧班列、中白人文合作等问题接受中央广播电视总台中国之声《大国外交》节目专访［EB/OL］.（2023 - 10 - 08）［2024 - 05 - 11］. http：//by. china - embassy. gov. cn/sssgxwdt/202310/t20231008_11157597. htm.

（三）白俄罗斯农工综合体项目

农工综合体项目由白俄罗斯国家生物技术公司（BNBC）承担，中信建设有限公司（以下简称"中信建设"）是中国在白俄罗斯农工综合体项目的总承包商。白俄罗斯国家生物技术公司已经生产了 50 多种动物配合饲料、预混料和必需氨基酸。例如，白俄罗斯过去需要进口这些产品才能生产出高质量的饲料，同样的氨基酸要花费数亿美元，而现在它能够满足国内需求并能出口一部分。白俄罗斯国家生物技术公司由 12 家独立的谷物深加工生产设施组成，采用单一技术链。建设所有这些设施（包括基础设施）需要占地 160 公顷，几乎相当于 230 个足球场。这家企业是整个后苏联地区独一无二的农业工业综合体。从工艺的技术成分来说，为了获得必需的氨基酸，需要将谷物磨成面粉，然后发酵并多次分解所得物质。这涉及非常复杂和昂贵的生物技术。

农工综合体项目共三期工程，三期工程将在一期、二期生产饲料和氨基酸的基础上，共用部分公用工程，以玉米为原料，采用最先进的工艺和菌种生产全系列维生素 C、维生素 B 等高附加值产品。项目建成后将再次填补白俄罗斯在相关领域的技术空白，为实现进口替代和出口创汇带来全新价值。从原粮中提取和制造氨基酸需要 6 个阶段，成品的价值提高了 40 倍。如维生素的生产比必需氨基酸的工艺流程更为复杂：前者有 6 个阶段，而维生素的生产需要 14 个阶段，技术要先进得多，附加值也高许多。其产品不再是动物饲料产品，而是用于医药产品，其附加值甚至高出百倍。此项目开工一年后就为当地创造了约 2000 个就业岗位，有力推动了白俄罗斯农业、畜牧业的高质量快速发展。

卢卡申科曾将白俄罗斯国家生物技术公司的生产比作外太空，认为它比外太空更酷。因为创建这样的制造工厂比发射卫星到太空还要困难得多。如果没有中方的参与，这样的生产设施是不可能建成的。中信建设不仅是白俄罗斯国家生物技术公司的总承包商，也是股东，它直接投资了这个项目。白俄罗斯和中信建设早在 2007 年就达成了首批联合项目协议，当时双方就白俄罗斯新建水泥厂和对现有水泥厂的电力供应进行现代化改造达成了一致。

对中国来说，在白俄罗斯的投资具有战略意义。①

（四）白俄罗斯铁路电气化项目

该项目是中白双方合作对白俄罗斯境内部分铁路进行电气化改造，以提高铁路运输效率和减少环境污染。由中国电气进出口有限公司（CUEC）等中国企业参与项目建设。项目包括对白俄罗斯重要铁路干线进行电气化改造，提升线路的运输能力。

（五）白俄罗斯 M5 公路（明斯克—戈梅利）改建项目

M5 公路是连接白俄罗斯首都明斯克与南部城市戈梅利的重要交通干线。该改建项目旨在扩宽和升级公路，提高运输效率和安全性。由中国路桥工程有限责任公司（CRBC）承担项目建设。项目包括公路拓宽、路面升级、桥梁和隧道建设等，已完成主要施工任务。

（六）白俄罗斯维捷布斯克水电站项目

维捷布斯克水电站位于白俄罗斯维捷布斯克州，建成后总装机容量为40 兆瓦，旨在利用当地水资源发电，优化能源结构。由中国电力工程有限公司（CNEEC）建设。② 项目于 2011 年启动，2017 年正式投产运营，为当地提供清洁能源。

（七）白俄罗斯华为技术有限公司在白俄罗斯的通信基础设施建设

在通信技术领域，白俄罗斯华为技术有限公司与白俄罗斯主要电信运营商合作，参与 4G/5G 网络建设、数据中心建设和智慧城市项目。建设白俄罗斯国家级数据中心，提升数据存储和处理能力。参与明斯克等城市的智慧交通、安防和公共服务项目。如戈梅利州光伏电站项目也是华为投资建设的。它利用太阳能资源发电，促进可再生能源的发展。该项目已建成并投入运营，提高了当地的清洁能源比重。

---

① 《Развитие Агропромышленного Комплекса в Республике Беларусь》［EB/OL］.（2024-05-20）［2024-05-20］. https://cyberleninka.ru/article/n/razvitie-agropromyshlennogo-kompleksa-v-respublike-belarus.

② Витебская гэс［EB/OL］.（2024-05-20）［2024-05-20］. https://ru.wikipedia.org/wiki/%D0%92%D0%B8%D1%82%D0%B5%D0%B1%D1%81%D0%BA%D0%B0%D1%8F_%D0%93%D0%AD%D0%A1.

（八）白俄罗斯纸浆厂年产 16 万吨新项目

斯韦特洛戈尔斯克纸浆厂隶属于白俄罗斯林纸康采恩，原有年生产能力为 40 万吨纸浆，是中东欧及独联体地区近 40 年来投产的第一个大型现代化纸浆厂。为进一步提高纸浆厂的经济回报，项目业主拟在现有工厂的预留地新建年产 16 万吨微皱牛皮纸生产线，产品将进一步加工为牛奶等食品和干混料、水泥等建材的包装纸袋。中工国际工程股份有限公司（中工国际）作为核心总承包商，负责白俄罗斯斯维特洛戈尔斯克纸浆厂项目的设计、设备供应、土建施工及调试等全流程服务。该项目合同金额从最初的 7.69 亿美元增至 8.04 亿美元，是当时中国在欧洲承建的首个大型纸浆厂项目。中信国际合作有限责任公司与中工国际合作参与纸浆厂项目融资及施工，并后续与浙江省工业设备安装集团有限公司（浙江安装）合作升级扩建项目。浙江安装作为施工总承包单位，负责斯维特洛戈尔斯克纸浆厂升级扩建项目的土建、设备安装及公辅设备供货。

综上所述，中白关系具有战略性、全面性、全天候特点，双方务实合作始终沿着两国元首确定的方向和路线扎实、稳步、有序推进。2022 年 9 月和 2023 年 3 月，两国元首共同发表两份联合声明，明确了双方发展全天候全面战略伙伴关系的长期愿景和实现路径，两份声明近四分之一的篇幅都涉及经贸、投资等领域合作。2023 年 12 月，两国元首还就包括共建"一带一路"合作在内的各领域务实合作深入交换意见并达成多项共识。"合作"是双方提及最多的关键词之一，两国元首的亲自推动成为双方拓展务实合作的不竭动力。"一带一路"倡议下中国与白俄罗斯的经贸基础条件优越，双方合作潜力巨大。通过加强合作，不仅可以实现资源的优化配置和产业的互补发展，还可以为两国经济的繁荣稳定提供有力支撑。

第四章
以巨石工业园为亮点的中白经贸合作

作为共建"一带一路"的重要国家，中国与白俄罗斯在经贸领域的合作日益紧密。两国在经贸领域的互补性强，合作潜力巨大。白俄罗斯是欧亚经济联盟成员国，享受关税同盟待遇，并以特有的地理优势连接欧盟与欧亚经济联盟两大经济区。中白巨石工业园位于白俄罗斯明斯克州斯莫列维奇区内，是中白两国政府间的重要合作项目。园区的建设促进了中白两国经贸合作，推动双方经济发展，提升了两国在全球产业链中的地位。本章是对"对象-过程-项目-人文"框架下合作"项目"的研究。

第一节　"一带一路"上的明珠：中白巨石工业园

白俄罗斯是最早响应并积极参与中方"一带一路"倡议的国家之一，中白巨石工业园是中国和白俄罗斯最大的合作项目，成为"一带一路"的"明珠"项目和标志性工程，一大批涉及机械制造、汽车组装、生物技术等行业的重点项目在白落地生根。中白巨石工业园作为中白两国经贸合作的重要项目，自规划之初就备受关注，它不仅为两国企业搭建了一个互利共赢的合作平台，还促进了中白两国经济的深度融合。

一 中白巨石工业园的建立

中白巨石工业园（China Belarus Great Stone Industrial Park）是中国和白俄罗斯在"一带一路"倡议框架下的重要合作项目，是"一带一路"倡议最重要的成果之一。该园区成立于 2012 年，于 2014 年正式启动，现已发展成为高科技产业、贸易和物流的重要枢纽。"巨石"是园区里一个村庄的名字，白俄罗斯总统卢卡申科决定将其作为中白工业园区的名字，意喻"中白两国人民友好的基石"①。图 4-1 为中白巨石工业园石标。

图 4-1 中白巨石工业园石标

资料来源：中白工业园管委会。

（一）中白巨石工业园建立的背景

基于地缘位置的重要性和便利性，加上中国与白俄罗斯两国友好关系的深化，通过两国政策推动，中白巨石工业园应运而生。该园区的建立背景如下。

---

① 今日中国. 中白友好的"基石" ［EB/OL］.（2017-05-08）［2024-06-23］. http：//www.chinatoday.com.cn/spc/2017-05/08/content_740198.htm.

（1）双边关系深化。随着中白两国政治和经济关系的深化，双方希望通过合作园区的建设，进一步推动经贸往来，并促进两国经济结构升级。2013年，中国提出"一带一路"倡议，旨在加强与共建国家的互联互通与合作。白俄罗斯地处欧亚大陆中心，连接欧盟和独联体国家，具有得天独厚的地理位置优势，是"一带一路"倡议下中国进入欧洲市场的重要节点，建设工业园有助于中国企业进入欧洲市场。

（2）地缘战略位置。中白工业园有着得天独厚的地理位置和便利的交通条件，它位于白俄罗斯首都明斯克市郊，距明斯克市区直线距离25公里，规划开发总面积91平方公里，是中国、白俄罗斯两国元首亲自倡导两国政府大力支持推动的中白经贸合作项目。园区毗邻明斯克国际机场，欧洲高速公路E30经白俄罗斯境内的M1穿过园区，M2高速公路连接明斯克市区，并规划有明斯克市区至机场的轻轨铁路，位于园区中心通往机场的4号路将园区划分为南区和北区（见图4-2）。

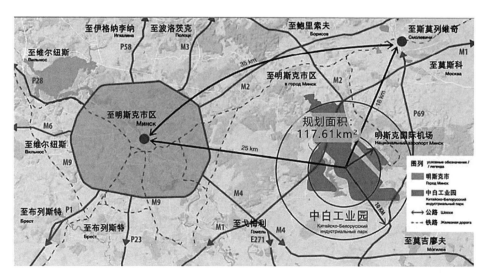

图4-2　工业园的区位优势

资料来源：中白工业园管委会。

（3）两国政策推动。中白工业园被视为"一带一路"倡议下的标志性项目，成为中白合作的典范。2012 年正式创立，大规模的开发建设始于 2015 年 5 月。中白两国政府均高度重视该项目，中国企业寻求产业升级和国际化道路，亟须"走出去"开拓海外市场，将其视为深化双边合作、促进经济增长的重要载体。白俄罗斯政府为此提供了一系列优惠政策，并在基础设施建设方面给予支持。中白巨石工业园以国际化、产业化、数字化、生态化为标志，计划用 4 个五年时间分阶段实现初期创业，以区促城、以城带区，产城融合，最终打造成一座集生态、宜居、兴业、活力、创新"五位一体"的国际产业新城。第一阶段的开发目标是在一区 8.55 平方公里规划范围内实现初期创业。经过开发者们的努力奋斗，仅用 4 年时间，这一阶段目标已在 2019 年完成。

（二）中白巨石工业园的优势和定位

中白巨石工业园是白俄罗斯最大的招商引资项目。中白双方发挥各自优势，积极为各国企业提供服务，使投资环境日趋便利，基础设施建设日益完善，加上广阔的市场前景，吸引着越来越多的企业进驻园区，为白俄罗斯经济发展增添了活力和动力。

1. 优势

该工业园的优势可以概括为以下四个方面。

一是区位优势。白俄罗斯是"一带一路"从中亚进入欧洲的门户。巨石工业园位于白俄罗斯首都明斯克附近，靠近欧盟市场，辐射整个欧亚大陆。凭借其战略性地理位置，园区成为中国企业进入欧洲市场的桥头堡。

二是政策优势。巨石工业园具有特殊经济区地位和经济活动特殊制度。白俄罗斯政府以总统令的法律形式制定优惠政策，保护投资者权益，为园区发展提供了完备的法律保障，并为入驻企业提供了包括免税、低税率、土地租金优惠等在内的政策支持，极大地降低了企业的运营成本。巨石工业园是目前中国在海外最大的工业园，也是欧洲较大的工业开发区。企业规划开发的定位目标是国际化的产业园区、生态化的产业城市。

三是基础设施优越。园区内的基础设施建设完备，包括现代化的物流、仓储、办公及生活设施，为企业提供了全方位的服务保障。此外，园区还具备便捷的交通条件，靠近铁路、公路和机场，方便货物运输。

四是国际合作优势。巨石工业园不仅吸引了中国企业入驻，也吸引了来自德国、美国、瑞士等多个国家的企业，形成了国际化的产业集群。该园区为入驻企业提供了"一站式"的服务，包括注册、税务、法律等方面的支持，提升了企业的运营效率。①

2. 定位

中白巨石工业园产业定位明确，以引进新型产业为主导，重点发展电子信息、机械制造、新材料、精细化工、生物医药、综合物流、大数据、文化创意等产业，园区借鉴中国苏州工业园的成功经验，为投资者提供优质高效的服务。

（1）国际化产业园区。巨石工业园是开放型园区，不仅面向中白两国企业，也欢迎全球各地的投资者共同参与园区的建设和发展。它是中欧合作的桥梁，基于白俄罗斯独特的地理位置和政策优势，园区成为连接中国与欧洲经济合作的重要节点。

（2）生态化产业城市。巨石工业园强调生态环保理念，采用先进的规划设计，建设生态宜居的智慧新城。它具有综合性功能，能为企业和员工提供良好的工作和生活环境。中白巨石工业园是一座集生态、宜居、兴业、活力、创新"五位一体"的国际产业新城。

（3）高新技术产业集聚区。巨石工业园重点产业领域包括电子信息、生物医药、精细化工、新材料、物流等高新技术产业；园区致力于打造科技研发和创新创业的国际化平台，吸引全球高端人才和企业。发展商业和高新技术是巨石工业园的目的，该工业园是一个经济特区，实施自由海关制度，提供诸多税收和海关优惠，以吸引国际投资。

---

① Belarus is the best place for your investment ｜ National Agency of Investment and Privatization [EB/OL]. （2024-06-23）[2024-06-23]. https：//investinbelarus. by/en/why-belarus/.

根据整体规划，园区划分为 5 个功能区，北部的一区、三区和南部毗邻机场片区为工业物流区，南部的二区、四区为城市发展区，五区在西北方向，是未来的文化休闲度假区。依托园区内的沃玛河水库生态环境，重点规划新兴产业，以及研发中心、市政、商业、住宅、教育文化、大型娱乐、旅游休闲商贸综合体等设施。园区道路交通规划为两纵三横，其中贯穿南北的两条主干道，分别以两国的首都命名为明斯克大道和北京大道，与支路连接，形成规范便捷的园区道路网。

3. 架构

巨石工业园借鉴中国苏州工业园的成功经验，实行三级管理架构。中白政府间协调委员会承担国家间政府共商、共建协调事项；中白工业园管委会是地方行政机构，代表政府负责园区社会化管理与服务，为投资者提供优质高效的一站式服务；而中白工业园区开发股份有限公司则负责园区的开发与运营等职能。目前，公司下设 10 个部门，分别为综合管理部、战略规划与投资发展部、融资财务部、法律事务部、中国部、创新发展与公共服务运营管理中心、规划管理部、欧美部、董事会办公室、工程管理部、驻北京代表处。同时，公司下设两家全资子公司，即给排水系统运营公司和物业管理公司。①

在中白两国政府的大力支持下，在中白工业园管委会、园区开发公司和入园企业的共同努力下，2024 年中白工业园的主要业绩指标比 2023 年同期大幅增长，园区居民企业的工业总产值同比增长 20%，达 2.81 亿美元。货物、工程、服务的销售收入同比增长 42%，达 5.1 亿美元左右。其中白俄罗斯的国外销售收入同比增长达 26%，约 1.45 亿美元。园区企业总体净利润约 3558 万美元，居民企业的产品出口额为 1.56 亿美元。截至 2025 年 5 月，园区共有来自 15 个国家的 150 家居民企业，入驻其中中资企业 61 家，白俄罗斯企业 62 家，第三国投资企业 27 家，协议投资额达 15.7 亿美元，居民

---

① 巨石工业园区官网. 开发公司股东构成［EB/OL］.［2025-04-18］. https：//www. zbgyy. cn/cn/Companystructure/index_ 93. aspx

企业员工达 3131 人。①

（三） 白俄罗斯建工业园的缘由

为什么要建设工业园，而不是自由经济区或高科技园区呢？独立以来，白俄罗斯为了吸引投资和发展经贸合作设立了三种类型的特殊经济区，包括自由经济区、高科技园区和中白工业园。这三类特殊经济区设在不同地域，针对不同类型企业。

白俄罗斯为什么向中国提出建设工业园呢？与后苏联地区其他新独立国家一样，白俄罗斯独立以后的经济经历了先下滑、后复苏的曲折历程。2003～2008 年为白俄罗斯经济黄金增长期，增速达到 10% 左右。白俄罗斯经济属外向型经济，国内生产总值的 60% 以上需要依靠出口实现，能源、投资和贸易严重依赖俄罗斯。2008 年国际金融危机使俄罗斯和白俄罗斯的经济遭受重创，2009 年白俄罗斯的经济增速降到 0.2%。同年，白俄罗斯与俄罗斯再次爆发贸易争端。卢卡申科总统在 2010 年 4 月发表的国情咨文中指出，"2010 年是决定国家未来发展战略的关键年，白俄罗斯需要制定新的科技战略，建立高科技生产……寻找新的市场……摆脱依赖和强制，特别是摆脱俄罗斯等国的垄断"，为此要拓展与拉美、非洲和亚太等地区国家的经济合作关系。如果俄罗斯想牵着白俄罗斯的鼻子走，那么白俄罗斯就去找中国，因为中国有意愿和能力帮助白俄罗斯发展经济。② 而西方国家对白俄罗斯采取的孤立、制裁和近乎敌视的态度使卢卡申科总统无法寄希望于西方国家。因此，白俄罗斯向中国提出建设中白工业园，主要是为了解决国内经济发展问题，白方希望通过走经济多元化道路促进国内经济的稳定和可持续发展，也反映出在当前时代背

---

① 数据来自：中白工业园管委会.

② Обращение с ежегодным Посланием к белорусскому народу и Национальному собранию, 23 мая 2006 года. http://zakonby.net/poslanie/64407 - poslanie - prezidenta - respubliki - belarus - ot - 23052006 - quotposlanie - prezidenta - respubliki - belarus - aglukashenko - belorusskomu - narodu - i - nacionalnomu - sobraniyu - respubliki - belarus - quotgosudarstvo - dlya - naroda. html. 转自：赵会荣. 中白工业园的缘起、进展与前景 [R]. (2019 - 03 - 26) [2024 - 06 - 27]. http://euroasia. cssn. cn/kycg/lw/201905/t20190509_4876872. shtml.

景下白俄罗斯对中国的信任和信心。①

设立自由经济区的主要目的是鼓励新型先进技术生产企业的建立和发展，增加就业和促进出口。自由经济区一般会列出投资指南或引资项目清单，主要吸引两类企业，一类是生产出口产品，另一类是生产进口替代产品。白俄罗斯现有 6 个自由经济区，每州设一个。②

二　中白巨石工业园的发展

中白巨石工业园的发展大致经历了以下三个阶段。

（一）2010~2014 年是园区筹备与奠基的阶段

2010 年 10 月，中国和白俄罗斯签署了《关于在白俄罗斯境内建立中国-白俄罗斯工业园区的合作协议》。2012 年 6 月 5 日，卢卡申科总统签发"关于成立'巨石'中白工业园"第 253 号总统令，为工业园的成立提供了法律保障。2014 年 6 月 19 日，中白巨石工业园正式奠基，开始进入实际建设阶段。

（二）2015~2018 年为园区基础建设与早期发展阶段

2015 年 5 月 12 日，习近平主席对白俄罗斯进行国事访问，访问期间习近平主席与白俄罗斯总统亚历山大·卢卡申科一同参观了园区的建设场地。习近平称工业园为"丝绸之路的明珠"。两国领导人签署了巨石工业园总体规划蓝图，并见证了 7 家中资企业入园。园区基础设施建设全面铺开，重点包括道路、电力、水利等公共设施的建设。2016 年，园区开始吸引企业入驻，首批入驻企业多为高科技和制造业企业。2017 年，园区被指定为白俄罗斯国家级开发区，享有更多政策优惠。2017 年 5 月 12 日签发的第 166 号总统令扩大优惠数量并促进工业园成为欧亚经济联盟中最佳业务平台

---

① Свободные экономические зоны: ни экспорта, ни инвестиций, ни технологий. http://ekonomika.by/mezhdunarodnaya-analitika/bloomberg-reuters/svobodnye-ekonomicheskie-zony-ni-eksporta-ni-investitsij-ni-tekhnologij). 转自：赵会荣.中白工业园的缘起、进展与前景 [R].（2019-03-26）[2024-06-23]. http://euroasia.cssn.cn/kycg/lw/201905/t20190509_4876872.shtml.

② 同上.

之一。在园区建设的第一阶段，物流成为"巨石"增长引擎。物流子园区建设项目由全球重要港口运营商和船舶所有者——中国招商局集团实施。2018 年，首批企业开始生产运营，园区的实际生产能力初步显现。

中白工业园区开发股份有限公司（以下简称"开发公司"）是中白工业园的开发和运营主体，由中方股东和白方股东共同投资组建。中方股东主要包括中国机械工业集团有限公司、招商局集团、中工国际工程股份有限公司和哈尔滨投资集团有限公司，持股比例约为 68%；白方股东为白俄罗斯共和国，持股比例约为 32%。自开发公司成立后，公司组成各方就园区规划蓝图开展了深入讨论，与政府相关机构进行了多轮磋商，并就园区一期市政基础设施项目的规划设计、融资问题开展了工作，在 2015 年招商局集团入股后，借助招商蛇口管理运营经验，园区管委会和中白工业园开发公司制定了一整套包括开发规划、工程建设、融资管理、招商引资、投资者服务在内的管理体制机制，园区开始了大规模招商引资工作。

按照白方定位，中白工业园是一个高科技的产业园，园区管委会为入园企业设定了严格的行业范围，没有科技含量不准入园。但高新技术产业多是技术密集型、资金密集型企业，在工业园起步阶段，难以形成规模和聚集人气。针对入园企业定位问题，中白双方共同梳理出 7 大类 47 个白方急需、最具合作潜力的产业领域。在此基础上，相关单位和部门优化了国际化招商策略，加大国际化精准宣介力度，特别是利用中国国际进口博览会等重大平台支持园区宣传推介，扭转了企业普遍缺乏了解导致的信息不对称问题。2019 年，工业园接待招商引资考察团组 497 个、3547 人次（其中来自中国的团组 297 个、2117 人次），组织和参加联合举办各种项目推介会 99 场。[①]

2016 年底，中白工业园只有 8 家企业，招商引资面临巨大压力。运营团队积极引导中白两国企业合作入园，实现优势互补，共同开发第三国市场，如潍柴动力集团与白俄罗斯马兹集团在园区内合资生产大马力柴油发动

---

① 中国一带一路网. 中白工业园：中白两国友好合作的典范［EB/OL］.（2022-12-08）［2024-04-23］. https://www.yidaiyilu.gov.cn/p/282826.html.

机——只用不到 8 个月时间，最大年产 3 万台发动机的现代化生产线就正式投产。中国方面，国资委也加大了对中央企业入园的支持力度，航天科技、中航工业、中国电子科技、中信重工等一批企业顺利入园落户。2017 年，园区人气渐旺，仅这一年就有 15 家企业签订了入园协议。2018 年，园区更是一年就接待了考察团 387 个，除了中国考察团，白俄罗斯和第三国考察团更是逐渐增多，同年又有 19 家企业签约入园。①

如今，中白工业园已经成为一个涵盖机械设备、电子通信、新材料、新能源、生物医药、金融服务等领域在内的大规模、高新技术工业园区。新形势下，中白工业园深挖新兴业务机会，务实拓展电商、大数据、原材料贸易等创新业务，因势利导积极探索"以贸促展、以展促销、以销促产"联动发展新思路。

（三） 2019 年迄今是园区快速扩展与国际化的阶段

2019 年，园区吸引了更多的国际企业入驻，包括德国、瑞士和美国的高科技公司。2020 年，尽管受到疫情影响，园区仍然保持了稳健的发展，新增了多个大项目。2021 年，园区启动了第二期扩展计划，旨在扩大面积、提高入驻企业的数量。截至 2022 年 11 月中旬，中白工业园 99 家入园企业中有中资企业 49 家、白资企业 31 家及第三国资本企业 19 家，协议投资总额 13.06 亿美元。② 2023 年后，园区的基础设施建设进一步完善，吸引了更多的国际投资者，成为"一带一路"倡议下的标志性项目。

目前一区 8.55 平方公里基础设施建设配套全面完成，具备了全面招商引资条件。园区进入了以高质量发展为引领的新阶段，园区坚持以生态环保为底线，筛选引进项目，建设严格保护积极修复的绿色生态园区。一区完成生态绿化总面积达到 183 公顷，占一区总规划面积的 21%，其中原生态保护面积 170 公顷，绿化面积 12.6 公顷，园在林中、林在园中的愿望得以实现，并将最终建设成为一座生态环保、宜居宜业、可持续发展的新型产业城市。

---

① 中国一带一路网. 中白工业园：中白两国友好合作的典范 [EB/OL].（2022 - 12 - 08）[2024 - 04 - 23]. https：//www. yidaiyilu. gov. cn/p/282826. html.

② 同上.

中白巨石工业园发展的关键里程碑事件包括建设首批工厂、引入 5G 技术和测试无人驾驶汽车等。该园区专注于电子、生物技术、制药和工程等行业，有中联重科、华为和 IPG Photonics 等几家知名公司在那里开展业务。此外，该园区最近已成为创新中心，通过其研发商业化中心支持研发。① 截至 2023 年底，园区内的累计投资额已超过 30 亿美元，其中中国企业的投资占比超过 70%。目前，园区直接创造了超过 8000 个就业岗位，间接带动了超过 20000 个就业机会。园区内企业的产品出口总额超过 15 亿美元，主要面向欧盟市场。截至 2024 年底，园区内已有 140 多家企业入驻。②

三　中白巨石工业园的成就

巨石工业园作为国内经济发展的重要力量，其发展历程和成就令人瞩目。通过不断创新和发展战略调整，园区已经形成了完整的产业链和强大的产业集聚效应。

（一）双边贸易额大幅增加

中白工业园促进了中国和白俄罗斯之间贸易额的大幅增加。它利用白俄罗斯的战略位置，成为亚洲和欧洲之间货物转运的重要枢纽。加入"一带一路"倡议以来，白俄罗斯对华出口规模迅速扩大、商品种类显著增加、贸易方式不断创新，出口额由 2013 年的 5.8 亿美元增加到 2022 年的 18 亿美元，为白俄罗斯经济发展注入了新动力。与此同时，中国对白俄罗斯的投资大幅增加。据白方统计，仅 2022 年中国对白俄罗斯的投资额就达到近 2 亿美元，增长 80%。工业园在其中发挥了重要平台作用。③

①　Belarus, China to continue developing Great Stone Park as industrial, logistic cluster［EB/OL］.（2024-08-22）［2024-10-23］. https：//eng.belta.by/society/view/belarus-china-to-continue-developing-great-stone-park-as-industrial-logistic-cluster-160780-2024/.

②　Индустриальный парк "Великий камень"［EB/OL］.（2024-06-20）［2024-08-23］. https：//www.belarus.by/ru/business/business-environment/industrial-park-great-stone.

③　中国驻白俄罗斯大使馆网站. 谢小用大使就中华人民共和国成立 74 周年接受白俄罗斯国家通讯社专访［EB/OL］.（2023-10-01）［2024-04-23］. http：//by.china-embassy.gov.cn/zbgx/202310/t20231001_11154280.htm.

（二）招商引资成果斐然

目前，工业园建设呈现以下几个鲜明特点：一是国际化。这是一个开放的国际平台，已吸引来自中国、白俄罗斯、俄罗斯、美国、欧盟国家、瑞士等 13 个国家的 144 家企业入驻，意向投资额超过 14.8 亿美元。二是产业化。中白工业园以高科技和创新为主导产业，重点发展机械制造、电子商务、新材料、中医药、人工智能、5G 网络开发等多个领域，未来还将进一步聚焦高端机械制造、生物医药、仓储物流、电子信息等创新型产业，致力于形成聚集效应，并完善上下游配套形成完整产业链。三是数字化。中白工业园注重运用信息技术和智能化手段，提升管理效率和服务水平。园区建立了"一站式"服务系统，所有行政手续都可以在园区内办理完成。未来园区还将成为白俄罗斯第一个 5G 移动通信试验区，并推广无人驾驶。四是生态化。中白工业园不是简单的工业园区，而是一座集生态、宜居、兴业、活力、创新"五位一体"的国际产业新城。园区内已经建成了住宅楼，幼儿园、学校和诊所的建设都已经在设计和规划。

该园区吸引了众多中国公司，以及白俄罗斯和国际公司的投资。该区的成功归功于其最先进的基础设施和对中国贸易路线的战略重要性。目前，园区第一区工业物流区的基础设施建设已经基本完成，包括道路、供水、供电、通信等配套设施。白俄罗斯是首批加入"一带一路"倡议的国家，是"一带一路"倡议的坚定支持者、积极参与者，也是受益者。中白工业园作为两国元首共同关心和亲自推动、两国政府高度重视的共建"一带一路"合作项目，历经 10 余年发展，已成为基础设施完备、营商环境优越、经营理念先进的现代化园区和白俄罗斯最大的招商引资项目，被誉为"'一带一路'上的明珠"，示范效应持续显现。

（三）创造了众多就业机会

中白巨石工业园提供的商业优惠种类繁多，如 10 年所得税免税期（进一步按降低 50% 的税率缴纳），房地产税和土地税 50 年免税期（自 2012 年 6 月 5 日第 253 号法令生效之日起），股息税 5 年免税期，海关优惠，"祖父条款"（保证业务条件不变化），基于"一站式"原则的园区居民综合服务

（在线快速回复企业问题），以及 180 天免签证停留（雇用高素质外籍劳工的简化程序）等。①

在中白经贸合作蓬勃发展的大背景下，在白中资企业不仅为白俄罗斯民众提供了大量工作体面、薪酬优厚的就业岗位，还为白俄罗斯培育了众多技术人才。该项目直接和间接创造了数千个工作岗位，为当地经济做出了重大贡献。仅中白工业园目前招收的当地员工人数就达 2500 多人，人均工资超 3000 白俄罗斯卢布，远超当地平均工资水平。华为已连续八年在白俄罗斯开展"未来种子"项目，为白俄罗斯通信领域行业培养了 2000 多名青年人才，提升了白方在该领域的科研水平。② 物流区也有助于白俄罗斯物流和运输部门的现代化，使其在全球舞台上更具竞争力。

（四）白俄罗斯政府对中白工业园寄予更高期望

与白俄罗斯的自由经济区和高科技园区相比，白俄罗斯政府对中白工业园寄予更高期望。与自由经济区不同，高科技园区的发展成绩突出，被誉为白俄罗斯的"硅谷"。2006 年第一批 4 家企业入驻高科技园区。截至 2016 年 10 月，高科技园区共有入驻国内外企业 164 家，员工 2.4 万人。2015 年高科技园区产值是上年的 2.8 倍，达到 12.58 万亿卢布，出口额占产值 91.5%，吸引外国直接投资 1.453 亿美元，同比增长 2500 万美元。白方专家认为，高科技园区的成功主要得益于政治意志、税收制度、交通物流基础设施、技术和人才。不过，高科技园区还有很大的提升空间，为此白俄罗斯需要培养人才，改善商业环境、交通物流、金融和宏观经济环境，维护企业家的合法权利。③

中白工业园的面积是白俄罗斯高科技园区的 181 倍，目前是白俄罗斯最

① Индустриальный парк "Великий камень" ［EB/OL］.（2024 - 06 - 20）［2024 - 08 - 23］. https：//www. belarus. by/ru/business/business-environment/industrial-park-great-stone.
② 网易. 推动中白合作提质升级 共同造福两国人民 ［EB/OL］.（2023 - 08 - 30）［2024 - 04 - 23］. https：//www. 163. com/dy/article/IDDBQQKF0514R9M0. html.
③ Александр Николайчук, Парниковый эффект：Растут ли миллиарды в белорусских парках высоких технологий? ［EB/OL］.（2015 - 06 - 30）［2024 - 08 - 23］. https：//digital. report/ parnikovyiy-effekt-rastut-li-milliardyi-v-belorusskih-parkah-vyisokih-tehnologiy/.

主要的对外经济合作项目，由白经济部负责执行，重点发展机械制造、精细化工、电子信息、生物医药、新材料和物流运输。白俄罗斯把中白工业园看作首要经济增长点，吸引高科技和高竞争力项目的平台，期望这个"巨无霸"高科技园能够产生集群效应，成为"招来无数金凤凰的超大梧桐树"，"产下无数金蛋"。① 图4-3为中白巨石工业园办公楼及周边。

图4-3 中白巨石工业园办公楼及周边

资料来源：中白工业园管委会。

2019年，巨石工业园被 Europa Property 机构评为东欧年度工业项目，并在《金融时报》编制的年度外国直接投资自由区评级的两个类别中受到关注。

四 中白巨石工业园的主体项目和主要中资公司

中白工业园是中白两国共建"一带一路"的重点项目，也是白俄罗斯最大的招商引资项目。该项目得到了两国元首的亲自推动和政府的高度重

---

① Александр Николайчук，Парниковый эффект：Растут ли миллиарды в белорусских парках высоких технологий？［EB/OL］．（2015-06-30）［2024-08-23］．https：//digital. report/ parnikovyiy-effekt-rastut-li-milliardyi-v-belorusskih-parkah-vyisokih-tehnologiy/.

视。自 2015 年下半年开始实质性开发以来，工业园开发建设快速推进，不断取得新成果。截至目前，入园企业数量已达一定规模，涵盖机械制造、电子商务、新材料等多个领域。工业园的建设不仅促进了白俄罗斯的经济发展，也为中国投资者提供了良好的投资环境。根据相关数据，园区企业的净利润持续增长，为两国经济合作注入了强劲动力。

中白巨石工业园的重点发展领域包括以下几方面。一是电子信息技术，包括 5G 通信、物联网、云计算等新一代信息技术。二是生物医药，包括制药、医疗器械、生物技术等领域的研发和生产。三是精细化工，包括新型材料、环保材料、高性能化工产品的制造。四是智能制造，包括工业机器人、智能装备、自动化系统等高端制造业。五是电子商务和物流，包括跨境电商、现代物流、供应链管理等服务。

（一）巨石工业园的主体项目

在巨石工业园一区的主体就是中白商贸物流园，也称作商贸物流合作区、工业物流区。它为工业园企业提供供应链支持，助推其国际化发展，是目前园区最主要的主体项目。

中白商贸物流园是巨石工业园入园最早、规模最大的项目，也是一区的主体，是园区的代表性区域，属于中国招商局集团的项目。它的推出是为了加强两国之间的贸易和物流能力，重点是促进中国、欧洲和欧亚经济联盟之间货物的有效运输。自设立以来，项目规模不断扩大。该园包括现代化的仓储设施、清关服务、综合物流中心、金融支持、生活配套、会展中心和"一站式"服务支持。这些设施旨在处理大量货物，显著提高了丝绸之路经济带共建的物流运营效率。

中白商贸物流合作区的战略重要性突出。中白商贸物流合作区被视为巨石工业园的基石和"一带一路"倡议下的旗舰项目。它象征着中国和白俄罗斯之间不断深化的经济联系，展示了"一带一路"倡议在促进国际贸易与合作方面的实际效益。中白商贸物流合作区是一个至关重要的项目，它不仅增强了白俄罗斯的后勤能力，还是对中国和欧洲市场都至关重要的贸易路线。中白商贸物流合作区项目，由中国招商局集团主导开发，旨在促进中白两国的经贸合作与物流枢纽建设。

中白商贸物流合作区的建设从以下三个方面体现出来。

一是基础设施建设。中白商贸物流合作区总面积94.38公顷，分三期开发。目前，一期工程已经完成，涵盖物流、仓储、展示、交易等多项功能，极大地提升了园区的运营能力。此外，园区的基础设施如道路、供电、通信等已全面建成并投入使用，为企业入驻提供了良好的基础设施保障。

二是投资与经济效益。招商局集团已投入超过5亿美元用于该项目的建设。通过开通"粤新欧"班列等物流通道，中白商贸物流合作区进一步增强了中国与欧洲之间的物流连接，为华南地区的企业开拓欧洲市场提供了重要通道。该园区现已吸引了来自中国、白俄罗斯及其他国家的多家企业入驻，涵盖高新技术、机械制造、生物技术等领域。

三是政府给予政策扶持。白俄罗斯政府为该园区制定了多项优惠政策，包括长期免税、低税率和投资便利化措施，以吸引更多国际投资者。该项目也得到了中国政府的大力支持，被视为中白两国深化经济合作的重要平台。

中白商贸物流合作区作为中白巨石工业园的主体项目，不仅是两国经济合作的象征，也是中国企业进入欧亚市场的战略支点。它的成功建设为"一带一路"倡议的落实提供了有力支持，并且成为中国在海外建设经贸合作区的标杆项目。总体而言，中白商贸物流合作区的发展成就显著，不仅在基础设施和经济效益方面取得了显著成果，还为进一步深化中白两国的经贸关系奠定了坚实基础。

（二）巨石工业园的主要中资公司①

中白巨石工业园有国际上众多知名公司，其中大型中资企业如下。

1. 招商局中白商贸物流股份有限公司

招商局中白商贸物流股份有限公司于2015年5月6日在中白工业园注册成立。2015年5月8日获得园区居民企业证书，在中白工业园租了29.0789公顷的地块，计划落实建立中白商贸物流中心项目。

---

① 数据来自：中白工业园管委员。

招商局中白商贸物流股份有限公司（以下简称"招商中白"）是中国外运旗下首家海外区域公司，是招商局集团积极响应国家"一带一路"倡议，投资中白工业园的重要海外项目。公司在中白工业园内建设占地 1 平方公里的中白商贸物流园，预计总投资 5 亿美元，规划建设仓储服务、交易展示、供应链增值服务、商贸物流园区配套四大功能。10 万平方米的首发区项目于 2015 年 12 月 11 日正式动工，2017 年 5 月 12 日全面完工，成为中白工业园内"动工最早、完工最快、最先投入运营、建设规模最大、投资金额最多"的标志性项目，实现了习近平主席提出的两年初见成效的建设目标。2018 年，商务中心、仓储中心、展示交易中心等首发区三大设施全面投入运营。10 月 1 日，白俄罗斯首家外资海关站——"巨石"海关站（第06651 号海关站）正式营业。2018 年底，中国外运旗下首家海外区域总部——中国外运欧亚丝路区域总部在明斯克招商中白成立，招商中白成为中国外运在丝绸之路经济带上的重要物流节点，并全力打造立足白俄、服务欧亚的战略新格局。

2. 招商兴城国际展会中心有限公司

招商兴城国际展会中心有限公司于 2019 年 6 月 20 日在中白工业园注册成立，由成都兴城集团和招商蛇口共同组建。其投资的明斯克国际展会中心位于园区核心地段，于 2021 年 4 月破土动工，克服了在新冠疫情、地区冲突中遇到的多重困难，最终顺利建成，2024 年 8 月正式投入运营。作为园区重要配套项目和形象门户，明斯克国际展会中心的建成有助于完善园区配套设施，提升园区经营水平，助力中白工业园的高质量发展，进一步增强园区的服务配套能力，更好地服务园区发展，对中白工业园的发展运营具有重要意义。2023 年，招商兴城国际展会中心有限公司在白俄罗斯"建设领导者 2023"建设行业专家大赛中荣获"杰出贡献奖"，是该届大赛中唯一获奖的中国企业。此前在 2023 年 5 月 12 日，公司还获颁中白工业园"园区建设突出贡献奖"。

3. 国机白俄罗斯有限责任公司

国机白俄罗斯有限责任公司于 2016 年 5 月 26 日在中白工业园注册成

立。2020 年 3 月 20 日入园，在园区租了 6.0595 公顷的土地，意向投资额为 2412 万美元。计划在园区建国机火炬园。2024 年投产，一期总建筑面积是 17307 平方米。国机火炬园与中关村管委会合作，实现多方政策叠加，打造海外科技研发、创新创业的综合平台。一些入园企业在火炬园租赁办公室，包括中联重工、潍柴集团、泓九白俄生命科学研究院、海虹白俄医疗科技有限公司等。

4. 中联重科白俄罗斯有限责任公司

中联重科白俄罗斯有限责任公司于 2015 年入驻中白工业园，是第一批入园企业之一，目前是中白工业园内规模最大的制造企业，在园区租了 13.3 公顷的土地。设计规划总投资约 4600 万美元，产能约 760 台各类工程机械，产值约 2 亿美元。制造基地 2017 年奠基、2018 年动工、2021 年底正式投入运营，占地约 1.8 万平方米。中联重科白俄罗斯有限责任公司近年来经营情况：目前拥有中白两国员工 80 余名，其中白俄籍员工 60 多人。2021 年生产 29 台、产值超 2500 万元，销售 25 台、销售额超 2300 万元。2022 年生产 71 台、产值超 7300 万元，销售 80 台、销售额超 8100 万元。2023 年生产 123 台、产值超 1.4 亿元，销售 135 台、销售额超 1.4 亿元。2024 年 5 个月时间已超过 1 亿元。

5. 法士特传动欧洲公司

法士特传动欧洲公司于 2019 年 7 月在中白工业园注册成立，2020 年 10 月完成设备调试并正式投产，注册资本 1600 万美元，工厂占地 2.87 公顷，厂房建筑面积 10000 平方米，公司主要生产 6～16 挡商用车变速器总成产品，可广泛匹配中重卡、客车、牵引车、自卸车等车型，主要配套客户为 MAZ、PAZ 等公司，年生产能力为单班 10000 台。现有中方员工 7 人，白方员工 57 人。法士特传动欧洲公司为陕西法士特汽车传动集团有限责任公司控股子公司，占比 70%，其他 30% 出资公司为明斯克齿轮厂。2023 年，法士特传动欧洲公司销售变速器产品 12711 台，销售收入为 2.48 亿元。2024 年 1～6 月，公司销售变速器产品 8227 台，同比增长 38.6%，实现销售收入 1.69 亿元，同比增长 42.58%，较好地完成了上半年的目标。

6. 苏凯尔动力有限公司

苏凯尔动力有限公司于 2019 年 9 月在中白工业园注册成立，2020 年 10 月完成设备调试并正式投产，注册资本 1700 万美元，潍柴集团旗下子公司潍柴动力合资公司拥有 70% 的股份，马兹集团占股 30%。合资公司占地面积约为 3.3 万平方米，建筑总面积大约 1 万平方米，设计年产能为 2 万台。合资公司组装的发动机将达到欧 VI 排放标准，产品销售将覆盖白俄罗斯、俄罗斯、乌克兰等国家。合资公司在编人员 114 人，其中白方员工 93 人，人均工资 5500 元。2023 年销售 7970 台，销售金额 7.1487 亿元。2024 年 1～5 月销售 3000 台，销售金额 2.5101 亿元。

7. 弘福工贸有限公司

弘福工贸有限公司于 2016 年 12 月 16 日在中白工业园注册成立。2016 年 12 月 30 日成为入园企业，意向投资额为 1600 万美元，在中白工业园租了 2.14 公顷的地块。企业打算生产铸铝散热器和钢铝散热器。2024 年 8 月建完了工厂，工厂占地面积为 1.2 万平方米。

8. 白俄碳纤科技有限公司

白俄碳纤科技有限公司于 2023 年 10 月 2 日在中白工业园注册成立，当天同时成为中白工业园的居民企业。在园区计划进行复合材料产品和医疗产品的生产，意向投资额 400 万美元。

9. 超频三（国际）技术有限公司

深圳市超频三科技股份有限公司创建于 2005 年，2017 年 5 月在深交所创业板上市，股票代码 300647，是一家集 LED 灯具和 PC 散热件研发、生产、销售于一体的国家级高新技术企业。超频三是在中白工业园第一家租赁标准厂房的居民企业，公司于 2018 年 5 月入驻中白工业园，并于 2018 年 10 月 19 日在园区进行了开工生产典礼。

超频三在俄语区市场深耕多年，有着稳定、成规模的业务，尤其是在俄罗斯市场销售业绩突出，故计划在当地布局生产，但是对于俄罗斯的营商和投资环境一直心存顾虑。在获知中白工业园的信息后主动与园区联系，并很快实现了入园和项目落地。根据自身业务发展需求和未来战略，超频三在园区设立了境外公司"超频三（国际）技术有限公司"，投资 200 万美元，在园区租赁厂房 1800 平方米建立了超频三海外生产基地，主要从事 LED 灯具散热套件及成品的研发、生产与销售；同时，拟建立国际标准的品质检验中心，以提升产品技术水平和科技创新能力。

白俄罗斯可有效辐射欧洲和俄语区市场，在白俄有仓库备货，大大节省了物流运输时间；在园区设有展厅以及工厂，客户能够很方便地拜访工厂并验货；依托中白工业园获取了很多白俄渠道和政府、协会等客户资源。

10. 中白航天高新技术产业研发中心有限公司

中白航天高新技术产业研发中心有限公司于 2018 年 12 月在中白工业园注册成立，意向投资资金 200 万美元，在园区租了 503.7 平方米的办公室，是由中国航天科技集团有限公司和陕西省人民政府支持，西安航天科技工业有限公司联合所属五所一厂发起，区域 20 余家先进企业和科研机构共同携手，依托航天优势技术，聚集国家高端人才，以技术创新、产业引领、商业运营为导向，立足中白工业园，瞄准"一带一路"高新技术产业示范工程，服务白俄罗斯和欧亚经济体国家高科技、高新技术及其产业发展，而注册组建的国际创新机构和实体公司。目前员工 23 人，中方 12 人、白方 11 人。主要产品涉及节能环保领域、热能工程领域、氢能工程领域、增材制造领域、智能制造领域、材料工程领域。

另外，园区还有以下中国公司入驻经营。

中兴通讯股份有限公司（ZTE Corporation）。中兴通讯于 2017 年入驻园区，参与当地 4G/5G 网络建设和技术支持，在园区设立办事处和服务中心，提供通信网络设备和解决方案，助力白俄罗斯的通信基础设施发展。

浙江吉利控股集团。吉利汽车白俄罗斯生产基地位于巨石工业园附近，是浙江吉利控股集团与白俄罗斯企业合作建立的乘用车生产基地。主要生产吉利品牌乘用车，面向独联体市场销售。2017 年 11 月，吉利与白俄罗斯企业合资成立"BelGee"公司，2018 年工厂正式投产，年产能 6 万辆。

海尔集团公司。白俄罗斯海尔冰箱制造项目是由海尔集团公司建设的冰箱生产基地，生产海尔品牌冰箱。产品面向欧洲市场，扩大海尔在欧洲的市场份额。2019 年 12 月，海尔与中白工业园签署合作协议。2020 年，项目开始建设，它是海尔全球战略的一部分。

中车集团（中国中车股份有限公司）。在巨石工业园拥有中车轨道交通装备项目，是建设轨道交通装备制造基地，生产电力机车、城轨车辆等。为欧洲及周边市场提供轨道交通解决方案。2018 年 7 月，中国中车签署入园协议。2021 年，项目进入实施阶段。

永通（新筑）新材料科技有限公司。是成都新筑路桥机械股份有限公司在工业园开设的分公司，主要开发、生产和销售新型轨道交通系统及相关新材料。主要工程是推进现代交通基础设施建设。2015 年 5 月，新筑股份成为首批入园企业。2018 年，项目正式投产。磐吉奥（北京）科技有限公司，在园区研发新能源电池项目，生产和销售新能源电池及相关应用产品。主要是推进新能源技术在欧洲市场的应用。2019 年，磐吉奥签署入园协议。2021 年项目启动建设。

截至目前，中白巨石工业园已吸引来除中国和白俄罗斯以外的德国、瑞士、美国、以色列等 14 个国家的 147 家企业入驻，覆盖电子信息、生物医药、精密机械、新能源、物流、电子商务等领域。

总之，中白巨石工业园是中国和白俄罗斯最大的合作项目，它不仅加强了中国和白俄罗斯之间的经济联系，而且通过促进贸易、创造就业机会和促进技术创新，在区域发展中发挥着至关重要的作用，成为"一带一路"明珠项目和标志性工程。中白巨石工业园也因其快速增长而获得了国际认可，获得了世界上增长最快的经济特区 FEMOZA 等奖项，并被 Asiamoney 评为中东欧最佳"一带一路"倡议项目。①

---

① 　With Pride in Heart：The rise of the Great Stone industrial park ［EB/OL］. （2024 - 07 - 22）［2024 - 08 - 23］. https：//eng. belta. by/economics/view/with - pride - in - heart - the - rise - of - the - great - stone - industrial - park - 131925 - 2020.

第二节　巨石工业园的应急管理和风险防范

2020 年后，随着新冠疫情在全球的蔓延，各国都遭受了前所未有的冲击。地处欧亚枢纽地位的白俄罗斯巨石工业园同样面临着巨大的挑战。俄乌冲突的发生及升级更使得白俄罗斯和工业园面临政治、经济等多重压力。如何在疫情这块"巨石"下寻找发展的新路径，在俄乌冲突背景下趋利避害、最大化谋求发展，成为摆在中白两国和巨石工业园相关领导面前的重要课题。

一　巨石工业园对突发冲击的应对

疫情对全球经济和社会生活造成了巨大影响，对各个行业和领域都产生了不同程度的影响。

（一）疫情对工业园区的影响

1. 疫情的直接负面影响

疫情使得园区产业链受阻、企业经营遇困。疫情使得很多工业园内的企业面临原材料供应不足、产品销售困难等问题，导致了整体产业链的受阻。受疫情影响，很多企业的订单量大幅下降，现金流紧张，甚至面临破产的风险。同时，企业为了保障员工的健康安全，也需要投入大量的资金和资源用于防疫措施。疫情期间，一些核心技术人员和管理人员可能因为担心个人健康和安全而选择离开，给工业园带来人才流失的风险。

2. 间接激发了园区潜能发展

一方面，园区经济得到融合发展。尽管面临这些挑战，园区管理层仍致力于实现其长期目标，旨在继续将园区发展为"一带一路"倡议的重要节点。该园区致力于保持白俄罗斯和中国之间强有力的经济联系和支持体系，这有助于通过促进更综合、更合作的方式应对疫情挑战，以减轻不利影响。

另一方面，园区抓住机遇从事健康产业和技术创新。园区在健康相关产业和技术创新方面看到了新的机遇。例如，在园区引入中医药行业，旨在促进更好的健康结果，是加强园区在全球卫生基础设施中作用的更广泛战略的一部分。①

总体而言，尽管新冠疫情造成了重大障碍，但它也刺激了园区与其长期目标相一致的适应性发展，包括加强卫生和技术领域的合作，并在"一带一路"倡议下保持经济一体化的势头。

（二）园区对疫情的应对

面对疫情的影响，园区和企业极力保障员工的健康和安全，做好工作，还在业务管理和业务方向上采取了如下举措。

（1）加强线上交流与合作。疫情导致国际旅行受限，中国企业在园区内积极转向线上模式开展工作，包括通过视频会议进行商务谈判、项目协调和技术交流。这种模式帮助企业在保持社交距离的情况下，仍然能继续推进项目进展。

（2）推动健康产业发展。中国方面在园区内推动了与健康相关产业的合作，包括引入传统中医药项目。这些项目不仅响应了全球公共卫生的需求，还在园区内建立了相关的医疗基础设施，为抗击疫情提供支持。

（3）保障供应链稳定。中国企业与白俄罗斯方面密切合作，确保了供应链的稳定运行。通过加强物流管理和供应链协调，保证了生产物资和防疫物资的及时供应，从而维持了园区内企业的正常运作。

（4）随机而动抓住市场机遇。虽然西方的制裁对园区中企业的发展造成了一定的影响，但是欧洲一些企业的退出也给其他企业带来了机遇。欧洲企业撤离后，潍柴、法士特、中联重科等企业填补了欧洲企业在白俄罗斯、俄罗斯市场的空白，每年的销量反而呈 2~3 倍增长。

二 巨石工业园对俄乌冲突的应对

俄乌冲突自 2022 年 2 月爆发以来，对包括白俄罗斯在内的整个地区产

---

① Great Stone Industrial Park welcomes TCM projects［EB/OL］.（2021-02-25）［2024-04-23］. https：//www.sinomach.com.cn/en/MediaCenter/Engagement/202102/t20210225_270769.html.

生了深远的地缘政治和经济影响。巨石工业园作为中国与白俄罗斯共建的"一带一路"旗舰项目，亦受到了一定程度的影响。

（一）俄乌冲突对园区的影响

俄乌冲突对巨石工业园的影响可以概括为以下几点。

1. 西方国家新一轮制裁影响了园区的运营能力

由于白俄罗斯被指支持俄罗斯的军事行动，欧盟、美国等西方国家对白俄罗斯实施了新一轮的制裁。这些制裁涉及金融、能源、交通等多个领域，对白俄罗斯的经济环境造成了不利影响，进而影响到巨石工业园的运营和吸引外资的能力。园区入驻企业曾涉及 15 国，后来德国和新加坡因为政治和经济上的原因撤出了园区。

2. 供应链和物流受阻，资金和金融交易受限

俄乌冲突导致乌克兰境内的运输线路中断，而白俄罗斯与乌克兰接壤，部分通过乌克兰的物流线路受到影响，运输通道受限，这给巨石工业园内企业的原材料进口和产品出口带来了挑战，有的需要寻求替代的物流路线；部分白俄罗斯银行被排除在 SWIFT 系统之外，金融制裁影响了国际支付和资金流动，对巨石工业园内企业的跨境交易造成了不便。

3. 地缘政治风险提升，贸易环境有所恶化

区域局势的紧张加大了企业在白俄罗斯运营的风险，包括政治风险、法律风险和安全风险等，对园区企业的长期规划和企业的经营策略产生了影响。制裁措施可能导致白俄罗斯企业在进入欧美市场时面临更高的壁垒，市场准入受限。巨石工业园内的企业可能需要调整市场策略，拓展其他地区的市场，如亚洲、非洲等。地缘政治的不确定性使得部分潜在的外国投资者对在白俄罗斯投资持谨慎态度，投资者信心受挫，有的推迟或取消了在巨石工业园的投资计划。这对园区吸引新的国际企业入驻造成了一定困难。

4. 中白合作进一步深化

面对西方制裁和投资减少，中国加强了与白俄罗斯的经济合作，支持巨石工业园的发展，加大了对园区的投资和政策支持，中白合作进一步深化。

（二）园区对俄乌冲突的应对举措和成效及存在的问题

一方面，随着全球疫情的逐渐控制，各国经济逐渐复苏；另一方面，俄乌冲突恶化了园区的政治地缘环境，使园区持续面临新的困境。中白两国政府协力支持工业园建设，使其逐渐走出困境，并在推动经济发展中扮演着重要角色。

1. 园区的应对举措和成效

一是扩大园区规模和吸引投资。白俄罗斯和中国方面持续推动中白巨石工业园的发展，将其定位为一个国际工业和物流集群。2023 年，园区新增了 26 家新公司，使园区内的企业总数达到 134 家。这些新公司主要集中在高精密加工、医药和生物技术等领域。① 中白双方在科技创新和教育合作方面的交流也进一步深化，为园区未来的发展奠定了坚实的基础。②

二是推动科技和创新产业。园区内的发展不局限于传统制造业，还在推动包括航空材料、复合材料、生物技术和中医药在内的高新技术产业的发展。此外，双方还计划在 2024 年发展液化天然气生产和新材料领域的合作项目。③

三是改善基础设施和服务。为了进一步吸引投资，园区管理部门在继续改善基础设施建设，如交通网络、通信设施等，同时提供更加便利的行政服务，这些举措旨在为企业提供更好的经营环境。④

四是经济增长和就业机会增加。疫情结束后，园区内的工业生产增长超过 40%，并且创造了大量的高薪、高效的工作岗位。截至 2024 年，预计将有 2800 个新岗位被创造，园区的出口收入也呈显著增长，预计园区产品将销往 16 个国家。⑤

---

① Belarus, China to continue developing Great Stone Park as industrial, logistic cluster［EB/OL］. （2024-06-23）［2024-06-23］. https://eng. belta. by/society/view/belarus-china-to-continue-developing-great-stone-park-as-industrial-logistic-cluster-160780-2024/.

② 同上.

③ Areas of Great Stone development in 2024 announced［EB/OL］. （2024-01-30）［2024-06-23］. https://www. sb. by/en/areas-of-great-stone-development-in-2024-announced-. html.

④ China-Belarus Industrial Park-Wikipedia［EB/OL］. （2024-01-30）［2024-06-23］. https://en. wikipedia. org/wiki/China%E2%80%93Belarus_Industrial_Park.

⑤ 同上.

2. 存在的问题

一是环境与土地利用的争议。园区在发展过程中面临一些环境和土地利用方面的争议。尽管项目得到了广泛的支持，但也有部分人士担忧园区的扩张可能会对当地的环境造成负面影响，并引发对土地资源过度利用的担忧。①

二是国际关系的挑战。中白巨石工业园的快速发展也引起了外界的关注，尤其是在地缘政治方面。园区的进一步扩展可能会影响白俄罗斯与其他国家（如俄罗斯）的关系，因而特别需要谨慎处理这些潜在的外交挑战。②

总之，中白巨石工业园在疫情后的发展中取得了显著成就，但也面临着环境、国际关系等方面的挑战。持续的投资和创新将是解决这些问题的关键。

第三节　中白巨石工业园的优势和前景

以巨石工业园为代表，在疫情、俄乌冲突发生的背景下巨石工业园和中白经贸发展受到了影响，但基于巨石工业园本身所具有的优势，在中白双方国家和企业积极应对、齐心努力下，园区度过了最艰难的阶段，并取得了一定的成绩。

一　中白经贸合作的新变化

近年来，中白经贸合作成果喜人，在贸易规模不断扩大的同时，经贸合作结构日趋多元，合作形式屡有创新。主要呈现以下新特点。

（一）贸易结构互补促进贸易规模扩大

据中方统计，2022 年双边货物贸易达创纪录的 50.8 亿美元，同比增长

① Belarus, China to continue developing Great Stone Park as industrial, logistic cluster ［EB/OL］. （2024-08-22）［2024-10-23］. https：//eng. belta. by/society/view/belarus-china-to-continue-developing-great-stone-park-as-industrial-logistic-cluster-160780-2024/.

② 同上.

33%。2023 年上半年，货物贸易额超 45 亿美元，同比增长 128%。中方向白方出口 29 亿美元，同比增长 150%，主要包括电机设备、机械器具、车辆及零件等高技术、高附加值产品。中方自白方进口 16 亿美元，同比增长 97%，主要为矿物产品和农产品。其中约 10 亿美元为钾肥，同比增长 131%，这是中国农业保产增产的重要生产资料。中国已成为白第二大农产品出口市场，牛肉、禽肉、菜籽油、牛奶及奶制品等优质白俄罗斯农产品深受中国消费者喜爱。①

（二）从传统商品贸易向服务贸易和投资合作拓展

2023 年下半年，双方结束了《中国和白俄罗斯服务贸易与投资协定》草案文本主要条款谈判并启动市场准入谈判，标志着中白的服务贸易与投资进入了新阶段。双方还加强了电子商务、金融、科技创新等领域的合作，推动数字经济发展。中白电子商务等贸易新业态蓬勃发展，中国京东、抖音等电商平台上"白俄罗斯国家馆"热度攀升，为中国消费者搭建了了解白俄罗斯和购买白俄罗斯优质产品的崭新平台。

（三）从国家层面向地方层面延伸

中白地方合作是两国合作新的增长点，两国友好省州和友城数量达到 45 对。白俄罗斯 6 个州和首都明斯克市都与中国至少两个省份建立了友好省州或友城关系。2021 年、2022 年和 2023 年在中白"地方合作年"框架下举办了 200 多项丰富多彩的地方合作交流活动，带动两国地方经贸合作蓬勃发展。② 位于青岛的中国-上海合作组织地方经贸合作示范区，已同中白工业园、维捷布斯克自由经济区、布列斯特自由经济区等经济园区建立友好合作关系，并不断探索互利合作新模式。

2023 年 3 月，中白两国签署了《中华人民共和国和白俄罗斯共和国关

---

① 网易. 推动中白合作提质升级 共同造福两国人民［EB/OL］.（2023－08－30）［2024－06－23］. http：//m2. people. cn/news/default. html？s=MV8xXzQwMDY3MTAzXzQ1NzgyMl8xNjkzMzgyMjMw.

② 中国驻白俄罗斯大使馆网站. 谢小用大使出席白俄罗斯第七届青年汉学家研讨会［EB/OL］.（2024－03－02）［2024－08－23］. http：//by. china-embassy. gov. cn/chn/sssgxwdt/202403/t20240302_11252922. htm.

于新时代进一步发展两国全天候全面战略伙伴关系的联合声明》（以下简称《联合声明》），为双方在包括经贸和投资在内的各领域合作发展指明了新的前进方向。在工业领域，《联合声明》强调双方在平等互利基础上基于市场原则开展工业合作，推进白方传统产业升级改造，加强双方企业在零部件、原材料等方面合作，发挥中国先进技术优势，开展联合生产。在农业领域，《联合声明》指出了农产品生产和供应的重要性，强调将继续支持中白优质农产品相互出口到对方国家。在医疗卫生领域，《联合声明》强调在中白工业园实施中医药合作项目的重要性，表示中方愿同白方加强中医药深度合作，不断惠及两国民众，为构建人类卫生健康共同体做出更大贡献。此外，《联合声明》还将产能合作、数字经济、绿色经济、信息和通信技术、国际交通物流等列入两国未来经贸合作的重点领域。[①]

二　对白俄罗斯当地经济社会发展产生的作用

中白经贸和人文合作作为两国全天候全面战略伙伴关系高水平发展的推动器，为白俄罗斯当地经济社会发展带来了一系列积极变化。

（一）填补了白俄罗斯相关产业的空白

潍柴、法士特、吉利、美的等一系列中国的汽车、家电和零配件制造行业的领先企业已在白俄罗斯扎根、结果，为白俄罗斯相关产业升级做出了积极贡献。例如，由中白合资生产的白俄罗斯吉利汽车外形美观、性能优越，不仅圆了白俄罗斯人民的国产轿车梦，还远销俄罗斯等其他独联体国家，成为白俄罗斯乘用车的亮丽名片。目前，白俄罗斯吉利汽车在白全国随处可见，占据市场份额约三分之一。使用中方优惠贷款、中国设备和工艺，并由中国企业承建的白俄罗斯全循环高科技农工综合体项目，是白俄罗斯首家氨基酸生产企业和粮食深加工行业第一个出口创汇、进口替代项目，也是独联体地区首家集粮食仓储、各类饲料生产和氨基酸生产于一体的大型全循环农

---

① 中国驻白俄罗斯大使馆网站. 谢小用大使就中白关系、两国各领域合作及共建"一带一路"等问题接受人民网专访［EB/OL］.（2023-08-30）［2024-04-23］. http：//by.china-embassy.gov.cn/chn/sssgxwdt/202308/t20230830_11135844.htm.

工生产企业，成为中白务实合作的又一成功典范。

（二）促进了白俄罗斯的就业和人才培养

在中白经贸合作蓬勃发展的大背景下，在白中资企业不仅为白俄罗斯民众提供了大量工作体面、薪酬优厚的就业岗位，还为白俄罗斯培育了众多技术人才。仅中白工业园目前招收的当地员工人数就达 2500 多人，人均工资超 3000 白俄罗斯卢布，远超当地平均工资水平。其他中国公司也在白开展众多项目，为白俄罗斯各领域行业培养了 2000 多名青年人才，提升了白方在相关领域的科研水平。

（三）增进了白俄罗斯社会民生福祉

中国企业建筑和中白经贸合作推动了白俄罗斯的住宅楼、酒店、道路等基础设施建设的发展。由中国企业投资兴建的明斯克天鹅小区、北京饭店等已成为当地的地标建筑，中国政府在白全国 6 州 1 市援建的社会保障房为改善当地居民的居住条件发挥了积极作用。

（四）推动了白俄罗斯中文教育的发展

在中白双方的共同努力下，目前白俄罗斯全国共设立 7 所孔子学院（简称"孔院"）和 2 个独立孔子课堂[①]，有 35 所中小学和 11 所高校设立中文科目，38 所学校开设中文兴趣班，中文还被列为白俄罗斯国家统一毕业升学考试的外语选考科目之一。中文教学在白俄罗斯蔚然成风，越来越多的白俄罗斯学生愿意学习中文、了解中国和投身中白合作，中白友好的后备力量不断壮大。

三　中白巨石工业园的意义和前景

中白巨石工业园是中国和白俄罗斯最大的合作项目，标志着两国经济合作进入了一个新的高度。它不仅在经济上，而且在社会、政治和国际层面产生了一定的影响。

（一）中白巨石工业园的意义

中白巨石工业园是中白两国政府共同推动的重大合作项目，其建设意义

---

① 参见：孔子学院官网．https：//ci．cn/qqwl．

深远。

1. 促进中白双边经济合作

一是它为中白两国经济合作提供了重要平台，促进了双方在贸易、投资、技术等方面的深度合作。通过工业园的建设，中白两国可以更加有效地利用各自的优势资源，实现互利共赢。它不仅促进了两国经济的共同发展，还为其他国家之间的合作树立了榜样。

二是推动了技术发展和创新。园区内的企业带来了先进的技术和创新理念，特别是在制造业和信息技术领域。这些企业的入驻不仅提升了白俄罗斯的技术水平，还促进了当地的工业现代化进程。此外，园区还为白俄罗斯的高科技产业发展提供了一个重要的平台，有助于提升国家的整体科技竞争力。

三是社会影响，即增加就业和改善民生。中白巨石工业园的建设和运营创造了大量的就业机会，为当地居民提供了稳定的收入来源。这一项目在一定程度上改善了当地的社会经济条件，提升了居民的生活水平。此外，园区内的基础设施建设也带动了周边地区的发展，有助于缓解城市化进程中的一些社会问题。

四是地缘政治影响，即深化中国在东欧的影响力。中白巨石工业园不仅是一个经济合作项目，更是中国在东欧地区增强影响力的重要象征。通过该园区，中国在白俄罗斯乃至东欧地区的政治和经济影响力得到了显著提升。这对中国拓展其在"一带一路"倡议下的整体布局具有重要意义。

2. 提升白俄罗斯工业化水平

白俄罗斯作为一个工业基础雄厚的国家，一直致力于提高本国工业化水平。中白巨石工业园的建设，为白俄罗斯提供了引进先进技术和管理经验的机会，有助于提升其工业化水平，推动经济持续健康发展。

3. 推动中国西部大开发

中白巨石工业园通过中欧班列经过我国西北部与我国中部和东部内地相连，其建设对推动中国西部大开发具有重要意义。通过工业园的建设，可以吸引更多国内外投资，促进西部地区产业结构升级和经济转型升级，加速西部地区的发展。

习近平主席和卢卡申科总统在 2023 年 3 月和 2024 年 7 月的两次会晤期间均就中白工业园未来发展进行了深入交流。两国元首提出，双方将协力推进中白工业园高质量发展，引导园区朝着绿色、智慧、生态、数字化方向前进，积极吸引包括中医药领域的企业入驻园区。目前，园区机械制造、生物医药等领域汇集了多家企业，产业聚集已初现雏形。

中白工业园是两国元首亲自推动和共同关注的重点项目，被誉为"一带一路"上的明珠工程，凝聚了双方政府和企业的智慧和汗水。中白工业园历经 10 余年发展，如今已成为一座基础设施完备、营商环境优越、经营理念先进的现代化园区，是中国及各国企业赴白投资兴业的首选之地。目前，已有来自 14 个国家的 147 家企业入驻园区，其中包括 61 家中国企业和 59 家白俄罗斯企业，另外 27 家分别来自比利时、捷克、印度、以色列、拉脱维亚、立陶宛、拉脱维亚、立陶宛、阿联酋、俄罗斯、美国、乌克兰、瑞士和德国。

随着基础设施和优惠政策的不断完善，中白工业园将为入园企业提供更广阔的发展空间。相信所有选择中白工业园开展精诚合作的企业将大有作为，为推动中白经济发展、夯实双方经贸合作关系做出更多贡献。

（二）中白巨石工业园的前景

中白巨石工业园是两国元首亲自推动和共同关注的重点项目，被誉为"一带一路"上的明珠工程，凝聚了双方政府和企业的智慧和汗水。历经 10 余年发展，中白工业园如今已成为一座基础设施完备、营商环境优越、经营理念先进的现代化园区。园区成功填补了白俄罗斯多个行业空白，为带动白俄罗斯工业化转型升级做出了积极贡献，也为中国及其他国家企业赴白俄罗斯开拓市场搭建了高水平平台。

此外，双方还有一大批涉及基础设施建设、机械制造、建材生产等领域的项目运转顺利，不仅为推动中白关系发展、促进双边经贸合作提供了巨大动能，也给两国人民带来了巨大的福祉。

1. 园区发展潜力依然很大

中白巨石工业园地理位置优越，交通便捷，同时拥有丰富的自然资源和人力资源。这些优势为工业园的未来发展提供了巨大潜力。随着双方合作的不断深入，工业园的规模将不断扩大，涉及的产业领域也将更加广泛。

中白工业园是目前我国在海外的最大工业园，是白俄罗斯最大的招商引资项目，也是中白两国最重要的经贸合作项目。对白方而言，中白工业园为促进招商引资、填补产业空白、实现产业升级做出积极贡献，为当地居民提供了大量就业岗位和有竞争力的薪酬待遇。对中方而言，园区在开展对白合作方面拥有集聚和示范效应，中国企业将拥有更多机会借助自身的技术实力和白俄罗斯本地雄厚的人才储备实现优势资源互补，通过将生产销售前移进一步巩固在欧亚地区的合作，这也是很多已深耕欧亚国家多年的国内行业龙头企业选择落户中白工业园的原因。在外部环境复杂变化的背景下，近年来园区内很多以中国产设备、零配件为依托的生产型企业迎来了新的发展机遇，项目产销量大幅增长，相关产品在白俄罗斯国内和地区市场的占有率稳步提升，极大地带动了对白俄罗斯货物出口，且这一强劲势头还在继续保持。

2. 工业园将进一步实现产业升级

数字经济是促进全球经济增长的重要驱动力，也是全球经济社会转型的大趋势。加强数字经济领域合作既是中白国家层面的合作共识，也正"飞入"两国"寻常百姓家"。2022 年 9 月，两国签署了《中华人民共和国商务部和白俄罗斯共和国经济部关于电子商务合作的谅解备忘录》。2023 年 10 月，第三届"一带一路"国际合作高峰论坛贸易畅通专题论坛期间，中国同包括白俄罗斯在内的 35 个国家共同发布《数字经济和绿色发展国际经贸合作框架倡议》（以下简称《数字合作倡议》）。白俄罗斯作为第一批参与国，对《数字合作倡议》高度重视、积极响应，表示了充分的合作意向。此外，白俄罗斯商品正通过电商平台进入中国消费者的视野，肉制品、奶制品等白俄罗斯优质商品"触手可及"，越来越多的民众成为两国数字经济合作的参与者。

未来，中白巨石工业园将注重产业升级和科技创新。通过引进先进技术和管理经验，推动传统产业升级改造，同时培育新兴产业，形成多元化、高附加值的产业结构。这将有助于提升工业园的核心竞争力，为双方合作创造更多价值。中白双方将重点在《数字合作倡议》和数字丝绸之路框架下，积极开展数字经济领域合作，立足中白相关试验区、产业集群或产业园区，鼓励电子商务发展，不断挖掘合作潜能，打造两国贸易投资合作新动能，为全球和区域贸易投资贡献新的增长点。

3. 工业园的国际合作将更加繁荣

中白巨石工业园作为国际合作的重要平台，未来将继续拓展国际合作空间。通过加强与其他国家或地区的交流与合作，吸引更多国际资本和技术参与工业园的建设与发展，进一步提升工业园的国际影响力。

综上所述，中白巨石工业园具有深远的意义和广阔的发展前景。作为中白两国经济合作的重要项目，它为中白两国提供了互利共赢的合作机会，有助于促进双方经济持续健康发展。同时，工业园的建设与发展也将为推动中国西部大开发、提升白俄罗斯工业化水平发挥重要作用。未来，随着双方合作的不断深入和拓展，中白巨石工业园将成为中白乃至国际经济合作的重要亮点。

在共建"一带一路"框架内深化全面合作是中白两国元首达成的重要共识。下一阶段，双方将围绕产能合作、农产品贸易及深加工、数字经济、绿色经济、信息和通信技术、国际交通物流和中白工业园等重点领域，持续推进高质量共建"一带一路"。

中白巨石工业园是中白两国务实合作的典范，是丝绸之路经济带的标志性工程和区域合作的重要平台。在中白两国双边关系不断加强的引领下，将成为"一带一路"上的一颗闪亮明珠。中白巨石工业园以其国际化、产业化、数字化、生态化等特点，成为中白共建"一带一路"的"金字招牌"和"样板工程"。

第五章
全面互动的中白合作与人文交流

随着"一带一路"倡议的不断落地和发展，相关国家之间的文化交流日益频繁。中国和白俄罗斯都是拥有丰富历史和文化遗产的国家。白俄罗斯与中国虽然地理位置相隔遥远，但如前所述，两国之间的友好关系由来已久。自1992年两国建交以来，双方在政治、经济、文化等多个领域展开了广泛的合作。随着白俄罗斯对"一带一路"倡议的响应，中国与白俄罗斯国家友好关系不断升温，中国与白俄罗斯之间的人文交流也取得了长足的进展，通过多层次的全面互动实现了两国的双向融入和民心相通。本章是对"对象-过程-项目-人文"框架下"人文"的研究。

第一节　中白文化双向融入的形式和内容

中国和白俄罗斯的经济具有互补性，这体现在多个方面。在资源与市场方面，白俄罗斯拥有丰富的自然资源，如矿产和农业资源，而中国是一个庞大的消费市场。白俄罗斯可以向中国出口其资源和农产品，中国则可以向白俄罗斯提供工业制成品和技术支持。在制造业与技术上，白俄罗斯在机械制造、化工和电子产品方面具有一定的优势，而中国在制造业方面则具有规模和成本优势。两国可以通过合作，实现技术转让和生产能力的提升。在基础设施建设方面，中国在基础设施建设方面经验丰富，白俄罗斯在这方面也有需求。通过"一带一路"倡议，两国可以在交通、能源和通信等领域开展合作，推动经济发展。在投资与合作上，中国企业在白俄罗斯的投资逐渐增加，涉及领域包括农业、制造业和服务业等。白俄罗斯也欢迎中国投资，以促进本国经济的多元化发展。在两国贸易关系方面，两国之间的贸易逐渐增长，白俄罗斯可以通过中国的市场扩大其出口，而中国则可以通过白俄罗斯进入东欧市场。中国和白俄罗斯的经济互补性为两国提供了广阔的合作空间，有助于实现共同发展。

一　白俄罗斯的文化遗产

白俄罗斯有着丰富的文化遗产，这些遗产包括历史建筑、传统艺术和民俗文化、文学艺术等多个方面。在"一带一路"倡议背景下中国与白俄罗斯之间人文交流的过程中，白俄罗斯的文化遗产是其宝贵的文化财富，展现了较深厚的人文底蕴，它与中国文化一起构成中白"五通"中"民心相通"的背景和底蕴。

白俄罗斯有 113 座城市，其中大多数具有悠久的历史以及保存良好的名胜古迹。白俄罗斯有 5 座拥有千年历史的古城，它们是波洛茨克、维捷布斯克、图罗夫、扎斯拉夫尔、瓦夫卡维斯克。[①]

（一）历史建筑和自然遗产

米尔城堡（Mir Castle）。这座城堡地处白俄罗斯格罗德诺州，位于首都明斯克西南方向约 100 公里的地方，建于 15 世纪末。它融合了哥特式、巴洛克式和文艺复兴式的建筑风格，是白俄罗斯最重要的历史建筑之一。米尔城堡及其周围的园林景观共同构成了一个独特的历史文化遗址，被列入联合国教科文组织世界遗产名录。

① Наталия Котоман，Источник Старинные города Беларуси［EB/OL］.（2024-07-03）［2024-07-03］. https：//travelask. ru/articles/starinnye-goroda-belarusi？ysclid=m3viyer9tf9006930899.

涅斯维日城堡（Nesvizh Castle）。城堡属于明斯克州，位于与格罗德诺州、布列斯特州三州交界附近，与米尔城堡不远。始建于 16 世纪，是拉齐维尔家族的领地。这座城堡拥有众多的塔楼和宫殿，周围环绕着美丽的公园和湖泊。它不仅是一个重要的历史遗迹，也是一个展示白俄罗斯建筑和艺术成就的地方。

别洛韦日国家公园（Belovezhskaya Pushcha National Park）。别洛韦日国家公园横跨白俄罗斯和波兰两国边境，是欧洲较大的原始森林。这里栖息着欧洲野牛等濒危物种，具有极高的生态价值，同时也是白俄罗斯自然遗产的重要组成部分。

波洛茨克市圣索菲亚大教堂（St. Sophia's Cathedral）。位于波洛茨克市的圣索菲亚大教堂是白俄罗斯最古老的东正教教堂之一，建于 11 世纪。它是波洛茨克历史文化中心的一部分，展示了中世纪白俄罗斯的建筑风格。

布列斯特要塞（Brest Fortress）。这是布列斯特最著名的景点，也是白俄罗斯最重要的历史遗迹之一。要塞在二战初期抵抗德军进攻中展现了非凡的勇气和坚韧，被誉为"英雄要塞"。1941 年 6 月 22 日，纳粹德国对苏联发动突袭，布列斯特要塞成为最初战斗的焦点。尽管装备和人员处于劣势，但守军顽强抵抗了数日，极大地延缓了德军的推进。这一事件在苏联和白俄罗斯的历史中象征着英勇不屈的精神。另外，历史上《布列斯特-立陶夫斯克条约》也是在此签订的。1918 年，苏维埃俄国与中央同盟国在布列斯特签署了该条约，标志着其退出第一次世界大战。虽然条约对苏维埃俄国产生了不利影响，但对欧洲战局和之后的国际关系产生了深远影响。作为连接东西欧的要道，布列斯特在文化、经济交流中发挥了重要作用。

另外，白俄罗斯的文化遗产还有以下几个。明斯克古城（Minsk Old Town）：明斯克的历史中心，拥有许多保存完好的中世纪建筑，如圣母升天大教堂、城堡广场和圣弗朗西斯卡斯维纳斯大教堂。鲍里索夫城堡（Barysaw Castle）：位于鲍里索夫，是一座建于 11 世纪的城堡遗址，见证了白俄罗斯的历史变迁。彼拉金庄园（Pilgrimage Complex in Budslav）：位于布德斯拉夫，是天主教的宗教建筑群，包括彼拉金大教堂和周围的修道院。

斯拉夫战士纪念碑（Monument to the Slavic Bazaar）：位于维捷布斯克，是纪念斯拉夫文化和民族精神的标志。除此之外，独联体总部设在白俄罗斯明斯克。

（二）传统艺术和民俗文化

白俄罗斯的传统服饰丰富多彩，通常在节日和庆典上穿着。白俄罗斯的传统服饰、手工艺品如编织、刺绣、木工和陶艺等，还有民间音乐、舞蹈、传统的婚礼仪式、民间故事讲述等，传说、神话、诗歌和歌谣等，都是其非物质文化遗产的重要组成部分。这些文化元素在各种节庆活动中得到了传承和发展，是白俄罗斯人民智慧和创造力的体现，也是与中国交流传播的形式和载体。

（三）文学与艺术

白俄罗斯的文学作品和艺术创作也反映了该国丰富的文化遗产。斯韦特兰娜·亚历山德罗夫娜·阿列克谢耶维奇（Svetlana Alexandravna Alexievich）是白俄罗斯获得诺贝尔文学奖的作家，她于 2015 年荣获诺贝尔文学奖，获奖理由是"她多样性的写作是我们时代里苦难与勇气的一座纪念碑"[1]。阿列克谢耶维奇以纪实文学闻名，她的作品通常基于大量的采访和个人叙述，被称为"声音的集合"或"合唱式的叙事"，这种写作风格创造了一种特殊的"口述史"文学体裁。她最著名的作品之一是《切尔诺贝利的回忆：核灾难口述史》（*Voices from Chernobyl: The Oral History of a Nuclear Disaster*），这本书记录了 1986 年切尔诺贝利核事故亲历者的口述历史。阿列克谢耶维奇的其他知名作品还包括关于阿富汗战争的《锌皮娃娃兵》（*The War Doesn't Have a Female Face*），以及描绘苏联社会生活的《二手时间》（*Secondhand Time*）等。她的这些作品不仅展示了个人的历史见证，同时也揭示了更广泛的社会和历史背景。

---

[1] Блейсет, Челли.《Писательница Светлана Алексиевич была номинирована на Нобелевскую премию 2014 года, Архивировано 7 января 2015 года в Wayback Machine》. Новости Екатеринбурга［EB/OL］.（2014-01-28）［2024-08-11］. Архивировано 28 января 2014 года.

另外，著名白俄罗斯作家如雅库布·科拉斯（Yakub Kolas）和马克斯·巴哈达诺维奇（Maksim Bahdanovich）的作品也深受人们喜爱。

（四）战争纪念

白俄罗斯作为一个历史悠久且经历过多次战争的国家，拥有众多具有纪念意义的战争纪念碑和烈士纪念陵园。

伟大卫国战争历史国家博物馆及纪念碑位于明斯克市中心。该博物馆是白俄罗斯最大、收藏品最多的卫国战争纪念馆。博物馆附近的纪念碑高近40米，顶部建有一个近3米的巨型"胜利勋章"，用于纪念二战中牺牲的苏联的士兵。

英雄堡垒的勇气纪念碑，位于布列斯特的堡垒纪念综合体。这里是苏联军队抵抗德国的第一个主战场，纪念碑完成于1962~1967年，是一座埋葬了850名士兵和军官的大型墓地及巨大雕塑，具有深刻的纪念意义。

哈特纪念综合体，1966年建成，距明斯克50公里，这是白俄罗斯最重要的战争纪念碑之一，代表二战期间数百个类似哈特这样的村庄被纳粹摧毁。在纳粹占领白俄罗斯的三年里，共有200多万人在白俄罗斯被杀害，几乎占该地区人口的四分之一。① 纪念碑中的人物形象是哈特大屠杀的唯一成年幸存者、56岁的村铁匠尤齐夫·卡明斯基（Yuzif Kaminsky），雕像展示的是他抱着自己儿子的尸体的场景。

荣耀之地二战解放战士纪念碑，建成于1967~1969年。由建筑师奥·斯塔科维奇（O. Stakhovich）和雕塑家阿·本贝尔（A. Bembel）联合完成，为了纪念白俄罗斯解放25周年而建。纪念碑由苏联九座"英雄城市"和二战战场的焦土而建成，具有深刻的历史意义。

眼泪岛，位于明斯克市内斯维斯罗奇河的一个小岛，岛上有雕像和建筑，是为悼念在苏联入侵阿富汗战争中丧生的白俄罗斯官兵兴建的。岛中央的主建筑是当年800多名阵亡官兵的纪念碑，是个教堂形状的纪念碑。

---

① Мемориальный комплекс 《Хатынь》- Главная - История деревни Хатынь ［EB/OL］.［2024-10-09］ https：//khatyn. by/ru/memorial/istoriya-derevni-khatyn.

　　另外，白俄罗斯各地普遍建有烈士纪念陵园，具体的烈士纪念陵园名称和位置可能因地区而异，但都用于安葬和纪念在战争中牺牲的烈士。这些陵园通常庄严肃穆，是民众缅怀先烈、进行爱国主义教育的重要场所。

　　如前所述，布列斯特位于白俄罗斯西南部，紧邻波兰边境，地处布格河与穆哈韦茨河交汇处。其独特的地理位置使其成为连接东欧和西欧的交通要道，它是多个重要贸易路线的交会点，多次战争也给布列斯特带来了巨大的创伤，这里也反映了战争对人类的毁灭性影响。这种战略地位使布列斯特在历史上成为各大势力争夺的焦点，它既是贸易繁荣之地，也是军事重镇。布列斯特的经历说明处于战略要地的城市，在历史的关键时刻往往扮演着决定性的角色。地理位置不仅影响经济和贸易，还直接关系到国家安全和主权。

　　布列斯特作为一个城市的地理位置与白俄罗斯作为一个国家在国际地缘政治中的位置是类同的，和平时期它是东西方贸易的枢纽之地、中心所在，战争时期是军事重镇，因为当地是平原地形，一旦失守，则一溃千里、一片焦土……正因如此，白俄罗斯国内的这些战争纪念碑和陵园的教育意义十分重要和深刻。据此来理解白俄罗斯的对外关系无疑也是重要的一个考量。珍惜和平、维护稳定，让国家和城市成为文化交流的桥梁，而非东西方斗争和战争的焦土，这是国家战略性的课题和任务，而加强不同国家和民族之间的交流合作，有助于维护和平、增进理解，实现共同发展。

　　以上这些文化遗产不仅是白俄罗斯民族身份的象征，也是全球文化多样性的宝贵财富。通过保护和推广这些文化遗产，白俄罗斯向世界展示了其独特的文化和历史价值。

二　当代中白人文交流的主要形式和路径

　　21世纪初，随着全球化的深入发展，人文交流成为促进经济合作和发展的重要手段。中国与白俄罗斯之间有着良好的人文交流基础。两国政府高度重视文化交流合作，为其提供了政策支持和资金保障。这种政治推动为两国文化交流注入了强大动力，同时经济利益驱动也为两国文化交流提供了持续动力，文化上两国也有一定的相似性和互补性。两国人民都渴望了解不同文化，拓宽视野。文化交流有助于推动两国在经贸、旅游等领域的合作，实现互利共赢。白俄罗斯与中国之间的各方面交流形成良好互动，通过人文交流活动，两国人民得以满足彼此的文化交流需求，实现了互补和共融。

在"一带一路"倡议背景下中国和白俄罗斯两国政治关系进一步升级，两国人文交流与合作不断取得新进展，为两国人民提供了更多了解彼此文化的机会，丰富和深化了合作的内涵和效果。国家间人文合作与交流的形式比较丰富，主要包括合作办学、文化会展、地方合作、民间旅游等。

（一）文化的相互学习与交融

文化活动是文化传播的重要形式之一。自 20 世纪 90 年代起，中国艺术在白俄罗斯开始受到关注。白俄罗斯国家博物馆、美术馆等机构相继举办了一系列中国艺术展览，如"中国古代绘画展""中国现代艺术展"等。这些展览不仅展示了中国艺术的魅力，也促进了白俄罗斯民众对中国文化的认知和理解。文艺演出是文化交流的重要形式之一。中国艺术团体多次访问白俄罗斯，举办了各类文艺演出活动，如音乐会、舞蹈演出、戏剧表演等。这些活动不仅为白俄罗斯观众带来了精彩的艺术享受，也让他们更加深入地了解了中国的历史和文化。

在"一带一路"倡议背景下，两国交流不断加深，中白两国在文化活动方面的合作不断加强，为中国文化在白俄罗斯的传播提供了更广阔的舞台。在白俄罗斯，中国传统节日如春节、中秋节等越来越受到当地人民的关注和喜爱。在这些节日期间，中白两国会举办各种庆祝活动，如文艺演出、展览等，让当地人民有机会亲身感受中国文化的魅力。中国的美食、艺术、音乐等都在白俄罗斯受到了热烈的欢迎。许多白俄罗斯人开始学习中文，希望更深入地了解中国的文化和历史。通过举办文化节、民俗展览、传统手工艺展示等活动，两国人民得以更深入地了解对方的文化传统和生活方式。这种交流有助于打破文化隔阂，增进相互理解和尊重。

（二）教育和科研的桥梁和孵化作用

在中白两国合作中，教育与科研不仅是增进人民友谊的重要纽带，更是推动科技创新和共同发展的桥梁。通过充分发挥顶尖高校的引领作用，两国在教育和科研方面的合作日益深化，为未来的中白关系奠定了坚实基础。

1. 教育合作的桥梁作用

教育是促进两国人民相互了解和增进友谊的重要途径。中白两国在高等教育领域签署了一系列合作协议，通过互派留学生、教师交流、联合研究中心和实验室的设立，积极推动校际合作和师生流动。这些丰富多样的合作形式为培养两国合作所需的优秀专业人才奠定了基础，进一步增进了两国人民的相互理解。此外，白俄罗斯的多所大学开设了中文专业，吸引了越来越多的学生学习中文；与此同时，中国大学也为白俄罗斯学生提供了广阔的学习机会。这种教育上的互动不仅提升了语言技能，也促进了两国青年一代对彼此文化的理解和认同。

2. 科研合作的孵化作用

在当前全球科技创新加速发展的背景下，科研合作显得尤为重要。两国高校通过签署"中白基础科学研究合作倡议书"，共建"中白基础科学研究中心"，凝聚高水平大学的科研合力，致力于提升在基础研究和拔尖人才培养方面的合作水平。这种科研合作不仅促进了科技创新，还推动了在数字技术、先进制造、生命科学等前沿领域的深入合作。通过这些科研平台，两国有望共同迎接新一轮科技革命的机遇和挑战。科研合作为两国的长期发展提供了强大的智力支持，有助于提升两国在全球科技领域的竞争力。

在技术合作领域，科技创新合作将在中白关系中发挥重要作用。两国高度重视科技创新领域的合作，依托中白政府间合作委员会科技合作分委会这一重要交流合作机制，在科技人文交流、联合研发合作、联合科研平台建设以及科技创新人才培养等方面取得了积极进展。

3. 教育与文化传播的互动

教育不仅是学术合作的载体，还是文化传播的重要途径。近年来，中白两国在教育领域的合作密切，为中国文化在白俄罗斯的传播提供了有力支持。越来越多的白俄罗斯高校开设了中文课程，中国在白俄罗斯的孔子学院由 1 所逐渐增至 7 所和 2 个独立孔子课堂，这种文化交流为两国青年增进了解提供了平台，也为两国培养了具有国际视野的人才。同时，双方通过联合办学、举办教育展览等活动，进一步促进了两国青年之间的友谊和交流。教育合作逐渐成为推动中白两国关系迈向更高水平的核心力量。

中白两国通过教育与科研的深度合作，搭建了增进相互了解与共同发展的桥梁。这种合作不仅推动了双方在基础研究和科技创新领域的进步，还为未来中白关系的发展提供了持续的智力支撑。随着两国关系的进一步深化，教育与科研合作将继续发挥其桥梁与孵化作用，推动两国在更多领域实现合作共赢。

（三）媒体与网络助力传播交流

媒体和网络是文化传播的重要渠道。在"一带一路"倡议背景下，白俄罗斯与中国的媒体机构积极开展交流与合作，通过新闻报道、电视节目、网络直播等多种形式，向两国人民介绍彼此国家的风土人情、历史文化和社会发展。中白两国在媒体和网络领域的合作也取得了显著成果。在白俄罗斯，越来越多的主流媒体开始关注中国文化，报道中国的社会、经济、文化等方面的发展。同时，中国的媒体也在白俄罗斯设立了分支机构，为当地人民提供了更多了解中国的窗口。

在网络领域，中白两国也加强了合作。一些白俄罗斯的社交媒体平台上出现了越来越多关于中国文化的内容，让当地人民可以通过网络平台了解和学习中国文化。此外，中国也在白俄罗斯建立了多个文化中心和网络平台，为中国文化的传播提供了更多渠道。这种网络媒介间的交流与合作有助于增进两国人民之间的相互了解和友谊。

影视作品及各种文学载体是文化传播的一种重要媒介。近年来，越来越多的中国电影、电视剧和纪录片在白俄罗斯播出，受到了观众的热烈欢迎。这些影视作品不仅展示了中国的社会风貌和文化传统，也加深了白俄罗斯民众对中国的了解和认识。

（四）其他间接文化交流形式的推动作用

在经贸领域，白俄罗斯和中国保持着密切的合作关系。两国在贸易、投资、科技等领域都有着广泛的合作。这些合作项目不仅促进了白俄罗斯的经济发展，也为两国人民带来了实实在在的利益。旅游业也是文化传播的重要载体之一。随着中白两国旅游合作的不断深化，越来越多的白俄罗斯人开始前往中国旅游，亲身感受中国文化的魅力。一些白俄罗斯的旅游机构开始推出中国文化主题的旅游产品，让游客在旅游过程中更加深入地了解中国文化。同时，中国也在白俄罗斯设立了多个旅游推广中心，为当地人民提供更多了解中国旅游资源的渠道。这种双向的旅游交流不仅促进了双方的经济发展，也推动了文化的交流与融合。

各类文化交流是增进人民友谊和互信的重要途径，通过文化交流活动，两国人民得以建立更加紧密的联系和友谊，为两国关系的发展奠定坚实基础，并使得"民心相通"成为"一带一路"实现"五通"的一个重要方面。文化交流有助于推动白俄罗斯与中国在经济领域的合作和发展，通过加深相互了解和信任，两国可以在经贸、科技、教育等领域开展更多务实合作，实现共同繁荣和发展。白俄罗斯与中国的人文交流有助于推动世界文化多样性和相互尊重。通过了解不同文化，两国人民能够更加包容和理解彼此的差异，促进文化交流和融合。白俄罗斯与中国在文化交流中展现了日益增强的双向融入趋势，这种融入不仅促进了两国人民的相互理解和友谊，也为推动世界文化多样性和共同发展做出了积极贡献。

这些项目不仅体现了中国和白俄罗斯之间深厚的友谊和互信，也为双方的经济社会发展带来了积极的影响。在白俄罗斯，更多的人开始关注中国，对中国的发展和成就表示赞赏。他们欣赏中国的历史文化，钦佩中国的现代化建设成就。同时，白俄罗斯人民也愿意与中国人民分享自己的文化和经验，共同推动两国关系的发展。

第二节　中白合作办学的主要项目

中国与白俄罗斯合作办学是两国友好关系的重要组成部分。在"一带一路"倡议背景下，双方通过互派留学生、共建研究中心、开设合作项目等方式，共同推动教育领域的合作与发展。这种合作模式不仅有助于提升各自国家的教育水平，也有助于培养具有国际视野和跨文化交流能力的人才。

一 中白合作办学的基本情况

随着两国关系的不断深化，合作办学成为两国教育交流的重要组成部分。进入 21 世纪，中国与白俄罗斯的合作办学迎来了快速发展的时期。两国政府加大了对教育合作的投入，推动了一批合作办学项目的落地。这些项目涵盖了多个领域，包括工程技术、经济管理、文化艺术等。两国的教育合作不仅增进了彼此的了解和友谊，也为两国的人才培养和经济社会发展提供了有力支持。

（一）合作办学的领域、形式和活动

"一带一路"倡议提出以来，中国与白俄罗斯的合作办学不断深化。两国政府进一步加强对教育合作的指导和支持，推动合作办学向更高层次、更宽领域发展。同时，两国的高校和企业也积极参与合作办学，探索了多种合作模式，如共建实验室、开设联合课程、开展实习实训等。这些合作模式不仅提高了学生的综合素质和就业竞争力，也促进了两国的科技创新和产业升级。

中国和白俄罗斯的高校之间开展了广泛的、不断深入的合作。例如，双方共同成立了大学联盟，并在数字技术、先进制造、生命科学等多个关键领域成立了合作集群。这种合作模式有助于促进两国在高等教育和学术研究方面的交流与合作，培养具有国际视野和创新能力的复合型人才。在科研领域，中国和白俄罗斯在多个科研项目上展开了深入的合作。中国和白俄罗斯地方性合作办学的具体项目有很多。如菏泽学院与白俄罗斯戈梅利国立大学合作举办物理学专业本科教育项目：该项目由菏泽学院与白俄罗斯戈梅利国立大学共同举办，旨在培养物理学领域的专业人才。学生将在两校接受联合培养，获得双方认可的学位证书。深圳市华希国际教育与多所白俄罗斯大学合作项目：深圳市华希国际教育与白俄罗斯国立信息与无线电电子大学、白俄罗斯国立理工大学、白俄罗斯国立师范大学等多所高校开展了深度合作，开设了定制预科班及本硕连读项目，涉及经济与管理、市场营销、公立行政、管理学等多个专业。国家留学基金委促进与俄乌白国际合作培养项目：

该项目由国家留学基金委资助，旨在推动与俄罗斯、乌克兰和白俄罗斯的国际合作与交流。其中包括与白俄罗斯国立大学、白俄罗斯国立经济大学等高校的合作项目，涉及热科学与技术、等离子体科学技术、国际化人才培养等多个领域。

这些项目体现了中国和白俄罗斯在高等教育领域的深入合作，不仅促进了双方教育资源的共享，也为两国学生提供了更广阔的发展空间和机会。除高等教育以外，还有职业教育。例如，有广东轻工职业技术学院等与白俄罗斯的国家科学院所属研究机构进行了实质性的科研项目合作，这种合作不仅推动了科技创新和技术转移，还有助于优化人才培养模式，深化产学研合作，并拓展了国际合作的空间。[1]

中国文化在白俄罗斯的传播过程中经历了许多重要事件和历程，这些事件不仅促进了双方的文化交流与理解，也加深了中白两国人民之间的友谊和合作。中白交流的形式和活动包括签署合作协议、建立联合学院、开展师生交流、举办文化活动。中国与白俄罗斯政府多次签署教育合作协议，为两国的合作办学提供了政策支持和法律保障。这些协议明确了合作的目标、内容和方式，为两国的教育合作提供了指导和方向。为了加强两国在教育领域的合作，双方建立了多个联合学院。这些学院结合两国的优势和特色，共同开展教学和研究活动，为两国的人才培养提供了优质的教育资源。中国与白俄罗斯的高校积极开展师生交流活动，包括互派留学生、访问学者等。这些活动不仅增进了两国师生之间的了解和友谊，也为两国的人才培养提供了宝贵的机会和平台。两国还定期举办各种文化活动，如艺术展览、音乐会等，以加深两国人民之间的文化交流和了解。这些活动不仅丰富了校园文化生活，也为两国的教育合作注入了新的活力和动力。

（二）中国-白俄罗斯大学联盟项目

中国-白俄罗斯大学联盟成立于 2023 年底，联盟由 45 所中方高校及 41

---

① 广东轻工职业技术大学网站. 我校与白俄罗斯国立技术大学签订合作协议［EB/OL］.（2023-04-28）［2024-08-12］. https://www.gdqy.edu.cn/info/1056/11486.htm.

所白方高校组成，旨在促进两国之间高等教育交流与学术科研合作。①

中国-白俄罗斯大学联盟的主要合作项目聚焦于数字技术、先进制造、生命科学、政策与管理、文明对话、中白语言发展与区域合作等六大领域，成立了六个中白高校合作集群。一是数字技术。该领域合作项目旨在推动双方在数字技术领域的研发与应用合作，促进科技创新和人才培养。二是先进制造。通过合作，加强在先进制造技术、智能制造系统等方面的研发与交流，提升两国制造业的竞争力。三是生命科学。在生命科学领域开展深入合作，包括生物医学、生物制药、生物技术等方面，共同推动生命科学研究的进步。四是政策与管理。加强两国在政策研究、公共管理、经济管理等领域的合作，分享经验，共同应对全球性挑战。五是文明对话。促进两国之间的人文交流与文明对话，加深相互理解和友谊，推动两国文化的传承与创新。六是中白语言发展与区域合作。推动中白两国语言的学习与交流，加强在区域合作领域的沟通与协作，促进两国关系的全面发展。这些合作项目在多个层面上展开，包括联合科研、师生互访、学术交流等，旨在深化两国高等教育与学术科研的合作，打造国际教育合作的新型典范。

中国-白俄罗斯大学联盟主要由以下学校组成。中方成员高校包括大连理工大学、北京大学、哈尔滨工业大学、东南大学、华南理工大学、兰州大学、天津大学等众多知名高校。这些高校涵盖了理工、文科、医学等多个领域，展示了中国高等教育的多样性和实力。白方成员高校则包括白俄罗斯国立大学、白俄罗斯国立信息与无线电电子大学等白俄罗斯国内的重要教育机构。这些高校在白俄罗斯乃至国际上都享有较高的学术声誉和研究水平。

中国-白俄罗斯大学联盟成立后，两国教育机构签署了 560 余项直接合作协议，其中 100 余项在近两年签署。双方高校正根据协议落实 40 个联合教育项目，建立了 10 余个联合科研机构。中白两国教育和科学领域合作潜力尚未完全释放，为了人民的利益与福祉须充分开发这些潜力。为落实两国

---

① 商务部网站. 中国与白俄罗斯高校成立数字技术等六个合作集群［EB/OL］. （2024-05-23）
［2024-08-23］. http：//tradeinservices.mofcom.gov.cn/article/yanjiu/hangyezk/202405/
164059.html.

领导人 2023 年 3 月达成的关于推动中白教育机构之间学术和科学交流的协议文件，双方计划在不久的将来签署旗舰项目实施计划，并扩大两国人文交流。中白高校联盟的成立标志着两国教育、科研及科研成果转化合作水平提升至全新高度，有利于促进两国人民相互了解，增进彼此友谊。未来，中白教育机构将加强与两国高科技企业的沟通协作，依托企业推进科研成果商业化以促进经济发展。联盟 40 所中方成员高校和 41 所白方成员高校代表共同签署《中国-白俄罗斯大学联盟成立协议》。①

（三）7 所孔子学院+2 个独立孔子课堂项目

孔子学院在白俄罗斯的创立可追溯到 21 世纪初，随着中国经济的迅速发展，对外的文化交流需求日益增强，中白两国在教育领域的合作日益加强，孔子学院在白俄罗斯应运而生，成为两国文化进一步深入交流的重要桥梁。孔子学院作为推广汉语和传播中国文化的重要载体，在全球范围内得到了广泛的关注和认可。白俄罗斯作为共建"一带一路"的重要国家，与中国的交流日益频繁。

1. 发展阶段

白俄罗斯作为中国的友好国家积极响应了中国的倡议。2006 年 11 月，时任白俄罗斯驻华大使托济克代表白方与中国国家汉办签署汉语教学合作协议。此后，在中国国家汉办及有关高校的帮助支持下，白方相关大学先后成立了 7 所孔子学院和 2 个独立孔子课堂，致力于汉语教学、汉学人才培养和中国文化传播。随着中白两国关系的深入发展，白俄罗斯国立大学孔子学院于 2007 年初正式揭牌成立，是白俄罗斯第一所孔子学院，也被称为"共和国汉学孔子学院"。白俄罗斯国立大学孔子学院的正式成立为当地学生提供了规范学习汉语的机会，标志着中白文化交流新篇章的开启，标志着中白两国在教育领域的合作迈出了坚实的步伐，为两国文化交流奠定了坚实基础，也为后续的孔子学院发展奠定了基础。明斯克国立语言大学孔子学院成立于

2011 年，进一步扩大了孔子学院在白俄罗斯的影响力。2013 年，白俄罗斯孔子学院的数量继续增加，由中国东北大学与白俄罗斯国立技术大学共同创办的白俄罗斯国立技术大学科技孔子学院成立，这是世界首所"科技型孔子学院"。2017 年，白俄罗斯第四所孔子学院戈梅利国立大学孔子学院在南部城市戈梅利成立，这是在首都明斯克之外设立的首所孔子学院。2019 年，布列斯特国立普希金大学孔子学院成立，使得孔子学院在白俄罗斯的布局更加完善。2019 年，之前经中国国家汉办批准的白俄罗斯国立体育大学孔子课堂正式升格为孔子学院，进一步丰富了孔子学院在白俄罗斯的教育资源。2024 年，中国黑河学院与白俄罗斯莫吉廖夫国立大学共建的孔子学院揭牌。孔子学院不断扩大规模，提升教学质量。另外，白俄罗斯还有 2 个独立孔子课堂。

初创阶段孔子学院面临诸多挑战。首先，作为一个全新的文化交流项目，它需要在白俄罗斯本土进行深入的宣传和推广，让更多的人了解并接受孔子学院的理念和宗旨。其次，孔子学院需要招聘合适的教师，建立完善的教学体系，确保教学质量。此外，还需要与当地政府、教育机构等合作，争取更多的支持和资源。

经过几年的努力，孔子学院在白俄罗斯取得了显著的成绩。首先，在教学方面，孔子学院逐步建立起一套完善的教学体系，涵盖语言培训、文化交流等多个领域。同时，孔子学院的师资力量也得到了不断加强，吸引了越来越多的优秀教师加入。其次，在文化交流方面，孔子学院积极举办各类文化活动，如汉语角、书法展、茶艺表演等，为当地民众提供了了解中国文化的宝贵机会。这些活动不仅丰富了当地民众的文化生活，也增进了中白两国人民之间的友谊和了解。此外，孔子学院还积极与当地教育机构合作，推动汉语教育纳入国民教育体系。通过与当地学校的合作，孔子学院为更多的学生提供了学习汉语的机会，为培养更多懂汉语、了解中国文化的人才奠定了基础。

经过 10 余年的发展，孔子学院在白俄罗斯的影响力日益增强。2015 年，白俄罗斯总统卢卡申科访问中国时，特别提到了孔子学院在推动中白文化交流方面的重要作用。

2. 孔子学院在白俄罗斯的主要活动

白俄罗斯第一所孔子学院成立以来，迅速发展，成为该国学习汉语和了解中国文化的重要平台。孔子学院在白俄罗斯的建立，从事着汉语教学、老师培训和文化交流的工作，不仅为当地学生提供了学习汉语的机会，也为中白两国的文化交流开辟了新的渠道。

孔子学院在白俄罗斯的主要任务之一是推广汉语教育。通过开设各类汉语课程，如语言班、文化班等，为当地学生提供系统的汉语学习机会。此外，孔子学院还积极开展线上教学活动，为更多对汉语感兴趣的人提供便捷的学习途径。为了提高当地汉语教师的教学水平，孔子学院还定期举办汉语教师培训班。这些培训班不仅教授汉语教学方法和技巧，还邀请了中国专家举办讲座，分享汉语教育的最新理念和经验。孔子学院注重中白两国之间的文化交流。它们定期举办各类文化活动，如上文提到的中国传统节日庆典、书法展览、武术表演等，让当地民众有机会亲身感受中国文化的魅力。这些活动丰富了当地民众的文化生活，也加深了他们对中国的了解和认同。

综上所述，孔子学院在白俄罗斯的发展过程充满着挑战与机遇。通过不断努力和创新，孔子学院在白俄罗斯取得了显著的成就，为推广汉语和传播中国文化做出了重要贡献。

3. 孔子学院在白俄罗斯的教育成果

多年来，孔子学院在白俄罗斯的教育成果显著。越来越多的白俄罗斯学生选择学习汉语和中国文化，孔子学院为他们提供了优质的教育资源和学习平台。同时，孔子学院也为中白两国的教育合作和文化交流做出了积极贡献。

孔子学院在白俄罗斯成功举办了多场文化交流活动，这些活动吸引了众多当地民众参与，让他们有机会亲身感受中国文化的魅力。通过这些活动，中白两国的文化交流得到了进一步深化。为了激发白俄罗斯学生对汉语和中国文化的兴趣，2010 年白俄罗斯孔子学院开始举办"汉语桥"世界大学生中文比赛。这一活动吸引了众多学生积极参与，成为中白文化交流的重要品牌。为了进一步增进白俄罗斯民众对中国文化的了解，2012 年孔子学院在白俄罗斯举办了"感知中国"文化展览。展览展示了中国的历史、文化、艺术等多个方面，让白俄罗斯民众近距离感受中国文化的魅力。2015 年，为了庆祝中白建交 25 周年，孔子学院在白俄罗斯举办了中白文化节。这一活动汇聚了中白两国的文化精华，通过文艺演出、展览等形式，让两国人民更加深入地了解彼此的文化。这些活动不仅延续了下来，还孵化出更多新的主题活动项目。

在多年的发展过程中，孔子学院在白俄罗斯取得了显著成绩。在汉语教育方面，孔子学院为当地培养了大量优秀的汉语人才，为中白两国经贸、文化等领域的交流提供了有力支持；在文化交流方面，孔子学院通过举办各类文化活动，成功地将中国文化带到了白俄罗斯，增进了两国人民之间的友谊和理解；在教师培训方面，孔子学院为当地培养了一批优秀的汉语教师，提高了当地汉语教育的整体水平。

回顾孔子学院在白俄罗斯的发展历程，可以看到中白两国在教育领域的合作不断深化，文化交流日益频繁。未来，随着孔子学院在白俄罗斯的不断发展壮大，未来中白两国的教育合作和文化交流将更加紧密，为两国人民的友谊和发展注入新的活力。

二 中白合作办学的主要成绩

近年来，中国与白俄罗斯在教育领域的合作不断深化，双方通过合作办学项目在人才培养、科研创新、文化交流等方面取得了显著成绩。合作办学不仅为两国的教育事业注入了新的活力，还为两国经济社会发展提供了强大的智力支撑。

（一）教育合作蓬勃发展

中国与白俄罗斯的合作办学在两国关系的发展历程中扮演着重要角色。通过不断深化合作办学的内容和层次，两国将共同培养更多优秀的人才，为两国的经济社会发展提供有力支持。同时，通过加强国际合作与交流，两国也将共同推动国际教育事业的发展和创新。近两年，双方高校签署了约 200

份合作协议，协议总数已超过 700 份，其中包括约 40 个联合办学项目，还有 20 个项目正在制定中。这种密切的教育合作为两国青年学者提供了广泛的交流平台，促进了双方在教育标准、学位互认和教学资源共享方面的进展。

2024 年，中白关系和教育合作实现跨越式发展。两国教育部门始终携手落实元首共识，持续推进中白教育高质量合作。中白教育合作无论从历史发展进程看，还是从合作的深度、广度、质量、规模看，都处于历史最好时期，也正在进入"元首引领，重心下沉，提质增效，加快发展"的新阶段。① 名校对国家的发展、人类的进步以及中白关系的发展和教育合作的推动负有使命，中白名校将从三方面强化合作。一是着眼长远，携手开创中白高校合作新局面，在人才培养、联合科研、联盟建设上见实效；二是着眼创新，携手构建中白教育合作新生态，加强数字教育、语言教学、师生交流合作；三是着眼使命，携手打造中白基础研究合作新范式，北大与白大国有计划牵头设立"中白基础科学研究中心"，聚焦基础科学领域，着眼解决两国乃至人类面临的发展难题，组织双方优势高校开展高水平合作，推动人类文明进步和可持续发展。2024 年 6 月 26 日，白俄罗斯国立大学与北京大学设立了友好团结日，并签署了《中白基础科学研究合作倡议》，延续两国高校在中国-白俄罗斯大学联盟框架内的良好合作传统。这一举措不仅增强了两国教育领域的合作，还为培养更多国际化、跨学科的人才提供了机会。

（二）人才培养成果显著

随着中白合作办学项目的不断深入，双方高校培养了一大批具备国际视野和跨文化交流能力的优秀人才。目前在白中国留学生总数已突破 1 万人，白俄罗斯在华留学生也达到了数百人。此外，白俄罗斯的中小学和高校纷纷开设中文课程，吸引了超过 5 万名学生学习汉语。中国也为白俄罗斯学生提供了广阔的学习机会，并开设了白俄罗斯语课程。

---

① 中国驻白俄罗斯大使馆网站. 中白高水平大学校长论坛在明斯克成功举办 [EB/OL]. (2024-06-27) [2024-08-23]. http://by.china-embassy.gov.cn/chn/sssgxwdt/202406/t20240627_11442639.htm.

在中国，有多所高校设立白俄罗斯研究中心，并在 6 所大学开设了白俄罗斯语课程。随着中白合作办学项目的不断深入，双方高校培养了一大批具备国际视野和跨文化交流能力的优秀人才。这些留学生不仅掌握了语言技能，还在不同文化背景下加深了对彼此国家的理解和认同感。通过互派留学生和开展联合研究，两国的教育交流进一步增进了民间友谊，并为两国的长期合作奠定了坚实的社会基础。中国与白俄罗斯在教育领域的合作是两国关系的重要组成部分。随着白俄罗斯加入上海合作组织和金砖国家，两国在教育领域的合作前景更加广阔。

（三）科技合作深入推进

在全球科技竞争日益激烈的背景下，科技合作已成为中国与白俄罗斯合作的重要支撑。自 2017 年共建"一带一路"科技创新行动计划启动以来，双方在科技合作领域取得了显著进展。在中白政府间合作委员会科技分委会的领导下，双方共同建立了 2 个实验室和 30 个研发中心，并通过中白多领域创新创业论坛和专家学者交流活动，推动了科技成果的转化。双方不仅在数字技术、生命科学、先进制造等前沿领域开展了合作，还通过"技术换技术"的模式提升了各自的技术水平。

中国与白俄罗斯在科技领域的合作具有广阔前景。双方元首 2023 年共同发表的《联合声明》强调了双方将继续加强科技合作，共同创立更多联合科研中心、实验室。双方还计划在人工智能、5G 等新兴领域进行深入合作，以推动科技成果的转化和商业化。中白两国通过技术合作不断推动双方产业升级，2024 年 8 月两国已启动 2024～2025 年科技创新主题国家年活动。这些举措将进一步推动两国在人工智能、5G 等新兴技术领域的联合研发，助力科技成果的商业化，为两国未来的经济发展提供强劲动力。此外，双方签署的价值 214 亿美元的服务贸易和服务投资协定，进一步加强了两国在经济领域的合作，为未来的科技合作创造了更加有利的条件。

（四）文化合作发挥桥梁作用

教育合作不仅促进了双方的学术交流，还为文化传播提供了重要平台。近年来，白俄罗斯在多个中小学和高校开设了中文课程，中国也通过设立白俄罗斯研究中心等方式，推动两国文化的双向交流。这种跨文化的互动为增进两国人民的理解和友谊奠定了基础。

例如，中白两国成功举办了"旅游年""教育年"等文化主题活动，进一步加深了民间的文化互动。"欢乐春节""天涯共此时"等品牌活动每年在白俄罗斯举行，吸引了大量当地民众参与。这些文化交流活动不仅展示了中国和白俄罗斯各自的文化魅力，还为两国青年提供了更多机会，加深了他们对彼此文化的了解。

总之，中国与白俄罗斯的合作办学项目为两国教育事业的共同发展提供了创新模式。通过联合投入资金、师资和教学设备，双方共同推动了优质教育资源的共享。这些合作办学项目不仅为学生提供了更加广阔的发展空间，还帮助他们提升了跨学科能力和国际视野。合作办学项目还极大地推动了两国的文化交流。孔子学院和联合科研中心的设立为白俄罗斯学生提供了更为丰富的学习体验，同时也促进了中国对白俄罗斯文化的深入了解。这些合作项目培养了一大批精通双语、具备国际竞争力的人才，为两国的长期发展提供了后备力量。

中国与白俄罗斯的合作办学不仅为两国的教育和科技合作提供了重要平台，也成为推动两国关系向更高水平发展的重要力量。通过教育资源共享、科技创新和文化交流，中白两国在未来有望进一步加强合作，为全球教育、科技和文化的创新发展做出更大的贡献。在当前全球化背景下，中白两国合作办学的成功模式为其他国家提供了有益的借鉴，也为推动国际化人才培养树立了新的标杆。

第三节　中白人文交流的具体呈现

2013 年 9 月和 10 月，中国国家主席习近平在出访中亚和东南亚国家期间，先后提出共建"丝绸之路经济带"和"21 世纪海上丝绸之路"的倡议，得到国际社会的高度关注。共建"一带一路"顺应世界多极化、经济全球化、文化多样化、社会信息化的潮流，秉持开放的区域合作精神，致力于维护全球自由贸易体系和开放型世界经济。本书前述各章论述了中国与白俄罗斯友好关系不断发展，多维度多层面合作不断深入，成为高质量共建"一带一路"的合作典范。而本节则是对第三章至第五章内容的整体分析和评估。

一　中白地方合作的主要代表

2021~2023年，中白在"地方合作年"框架内举办了200多项丰富多彩的交流合作活动，两国地方通过代表团互访、签署合作规划、举办合作对话会、设立地方研究中心等形式掀起了交往热潮。当前中白友好省州和友城数量已达近50对，其中近20对为近三年内新建立。如上文所述，白俄罗斯6个州和明斯克市都与中国至少两个省份建立了友好省州或友城关系。两国地方交往深入社会各界，有益补充了两国合作的内涵和维度，拓展了两国合作形式和民间交往渠道。未来，两国地方交往的热度仍将延续，将继续发挥互补优势，为两国合作再添新彩。

在人文和地方交流上，中白是同心互鉴的挚友。近年来，汉语教学在白蓬勃发展，白俄罗斯成为俄语地区仅次于俄罗斯的中国留学生第二大留学目的地国。双方共同开展了一系列科技合作项目，连续多年成功举办"欢乐春节""天涯共此时"等文化品牌活动。

（一）白俄罗斯戈梅利州与中国地方的合作

戈梅利州已同中国四川省、内蒙古自治区、河北省等14个省市建立了友好关系。过去5年，戈梅利州同中国贸易额增长了近3倍，州内44家企业向中国出口木材、纸浆、肉类、乳制品和糖果等产品，其中25家企业获批向中国出口食品。

在全天候全面战略伙伴关系背景下，中白地方合作迅猛发展并成为两国合作的新增长点。2021~2023年是中白"地方合作年"，双方在此框架下举办了200多项丰富多彩的地方合作交流活动。① 戈梅利州一直以来重视与中

---

① 中国驻白俄罗斯大使馆网站．谢小用大使出席白俄罗斯第七届青年汉学家研讨会［EB/OL］．（2024－03－02）［2024－08－23］．http：//by．china－embassy．gov．cn/chn/sssgxwdt/202403/t20240302_11252922．htm．

国地方的合作，并取得了可喜成绩。

未来中白双方还将从以下三个方面深化合作：一是提升经贸合作质量，戈梅利州企业将继续参加 2023 年 11 月在中国上海举行的第七届中国国际进口博览会，积极参加中国进出口商品交易会，进一步发挥企业自身优势，加强与中国伙伴企业的合作。二是加强投资合作，抓住两国重要贸易协定签署黄金机遇，推动双方投资合作发展。三是扩大民间友好交流，加强教育等人文合作，打造更多旅游等领域合作品牌项目。

（二）白俄罗斯格罗德诺州与中国地方的合作

格罗德诺州同中方积极开展地方交往，已同甘肃省、海南省等中国地区建立了友好关系。根据 2023 年数据，中国是格罗德诺州第三大贸易伙伴。格罗德诺州区位优势显著、交通物流便利、历史积淀深厚、旅游资源丰富，拥有食品工业、木材加工、化工等领域诸多优质企业。格罗德诺州积极参与中方各类国际展会，借鉴中国先进技术和发展经验，希望同中方开展更多联合投资项目、扩大进出口贸易规模，同中国更多地区建立友好省州或友好城市关系，深化交流合作，推动双方经贸、人文等领域合作取得更多丰硕成果。

2021~2023 年，中白成功举办"地方合作年"，格罗德诺州同中国地区也举办了丰富多彩的交流活动。地方合作已成为两国关系的新增长点，格罗德诺州同中方开展互利合作面临广阔前景。双方表示未来将从以下三方面深化合作：一是持续深化经贸合作，欢迎格罗德诺州通过中国国际进口博览会和兰州投资贸易洽谈会等展会平台将优质农产品资源和中国的巨大市场机遇更好结合，实现优势互补。二是大力加强投资合作，把握双方签署合作协定等有利契机，推动投资合作再上新台阶。三是积极拓展人文交流，打造更多旅游等领域合作品牌项目。中国驻白大使馆愿同格罗德诺州政府一道，为中白全天候全面合作深入发展贡献力量。

（三）白俄罗斯维捷布斯克州与中国地方的合作

中白两国元首高度评价中白"地方合作年"活动成果，欢迎两国地方继续深化经贸合作。据白方数据，2022 年，中国各地区同维捷布斯克州贸易额达 1.714 亿美元，同比增长 40%，2023 年 1~4 月同比增速更是达到 140%，这充分证明了双方经贸合作的巨大潜力。[1] 维捷布斯克州自然资源丰富，工农经济发达，交通运输便利，拥有机械制造、化工、食品加工等优势产业，每年向中国出口大量产品。双方应抓住难得机遇，利用好彼此的互补优势，不断促进贸易、投资等务实合作。人文交流为其他领域合作提供社会文化基础和民意支撑。维捷布斯克州不仅自然风光优美，还有着深厚的历史底蕴和文化气息，"斯拉夫集市"国际艺术节已成为维捷布斯克州的"名片"，这些对中国游客均具有很强的吸引力。双方可通过文旅交流增进民众友谊，延续热络往来的良好势头，进一步深挖合作潜力，中国驻白俄罗斯大使馆愿为此提供必要的协助。

在人文交往领域，维捷布斯克州已同黑龙江省、贵州省、江西省等中国地区建立友好关系并保持密切往来。2023 年江西省特意向第 32 届"斯拉夫集市"国际艺术节发来贺信，成为双方人文交流多元互动的又一例证。目前维捷布斯克州每所大学均同中方至少 5 所高校建立了合作联系，人员互访和学术交流不断增加，期待未来有更多中国学生来维捷布斯克州留学。

（四）白俄罗斯莫吉廖夫州与中国地方的合作

2023 年第一季度，莫吉廖夫州同中国贸易额达 4140 万美元，同比增长 10.1%，其中莫吉廖夫州向中国出口商品 1570 万美元，同比增长 30.4%。[2] 莫吉廖夫州不仅工农业基础雄厚、产品广受好评，而且交通便利发达、旅游资源丰富，双方合作前景广阔。双方可从以下三个方面深化合作：一是加强双方密切联系，增添友好交往新动能；二是利用双方互补优势，发掘经贸合作新潜力；三是宣介自身品牌特色，探索文旅合作新模式。中国驻白俄罗斯大使馆愿同莫吉廖夫州政府一道，共同落实好两国元首达成的重要共识，持续推进中国有关地区同莫吉廖夫州的各领域合作，不断造福两国和两国

---

[1] 中国驻白俄罗斯大使馆网站. 谢小用大使对维捷布斯克州进行工作访问并出席第 32 届"斯拉夫集市"国际艺术节开幕式 [EB/OL].（2023 - 07 - 16）[2024 - 08 - 23]. http：//by. china-embassy. gov. cn/zbgx/jylx/202307/t20230716_11113816. htm.

[2] 同上.

人民。

地方合作是维持和扩大同中国合作伙伴关系的最有效和最富有前景的机制之一。莫吉廖夫州同中国的合作历史可追溯至 2003 年，迄今已同河南、江苏、湖南、陕西、天津等省市签署友好省州协议或合作备忘录。在过去十年间，莫吉廖夫州同中国的贸易额增长了 18 倍。① 莫吉廖夫州将本地区优质的牛肉、禽肉、牛奶及乳制品、巧克力、木材、亚麻、化学纤维等产品积极出口至中国，也从中国进口各种技术设备和轻工产品。2023 年莫吉廖夫州代表团赴天津市进行工作访问并同天津市领导举行会见，双方共同举办了"莫吉廖夫周"系列活动，加深了莫吉廖夫州同天津市的友好联系和务实合作。旅游合作是白方向中方伙伴提议的新的合作方向，莫吉廖夫州有许多优美风景可供游览，也愿同中方探讨共同建设疗养中心、开设中国传统美食餐厅等合作形式。莫吉廖夫州政府愿为双方企业加强合作提供一切必要的支持。

（五）　白俄罗斯其他州与中国地方的合作

白俄罗斯的布列斯特州与中国的相关地方单位建立了深厚的合作关系。例如，湖北省、安徽省和广州市与布列斯特州就已经开展了长期的友好交流，并签署了《友好省州合作路线图》，旨在深化经贸合作、加强互联互通，特别是在投资、经贸和物流等领域的合作。这种合作不仅有助于推动两国的经济发展，还能促进两地人民的交流和了解。

白俄罗斯的明斯克州与中国的北京市、广东省等地建立了友好关系，白俄罗斯首都明斯克市与中国的北京、上海、深圳以及长春等城市结成了友好城市关系，并在各领域保持着友好往来和良好合作。这些合作关系不仅涵盖了经贸与投资领域，还扩展到了科技创新、教育、体育、旅游以及文化互动等多个方面。通过这些合作，两国地方之间的交流得到了进一步深化，也为中白两国的友好关系注入了新的活力。

---

① 中国驻白俄罗斯大使馆网站．谢小用大使对维捷布斯克州进行工作访问并出席第 32 届"斯拉夫集市"国际艺术节开幕式［EB/OL］．（2023 - 07 - 16）［2024 - 08 - 23］．http：//by．china-embassy．gov．cn/zbgx/jylx/202307/t20230716_11113816．htm．

二 中白文化交流的主要项目

文化合作是中白关系的重要内涵之一，中白政府间合作委员会文化合作分委会是中白政府间合作机制的重要组成部分。疫情后期，在两国各部门和文化机构的广泛参与和积极努力下，中白文化、旅游、体育等领域的合作不断取得新进展和新成果，为进一步深化两国人民相互认知、增进双方民心相通、巩固彼此传统友谊发挥了重要作用。中白双方减轻疫情影响，不断创新方式方法，以线上线下相结合方式创造性地开展文化交流、举办文化活动。两国互办"文化日"，积极参加彼此举办的电影节，共同举办"欢乐春节""中国旅游文化周"和各种展览会、研讨会、艺术沙龙等文化品牌活动。两国美术馆、剧院等专业机构间交流与合作保持应有节奏，2024 年双方在中白"地方合作年"框架内也举行了众多文化周、图片展等活动。疫情政策调整后，双方文化团体互访迅速恢复和升温，为对方国家的民众带来了精彩的艺术享受。6 月 1 日中白双方在明斯克自由广场共同举办的"茶和天下"活动吸引了数万名民众参与和互动，引发明斯克市民及游客的极大兴趣和巨大反响，取得了圆满成功。上述合作成果进一步夯实了中白关系的民意和社会基础，也进一步增进了中白人民的传统友谊。

（一）"茶和天下"

自 2023 年起，中白两国连续两年在白俄罗斯首都明斯克市中心举办"茶和天下"这一大型文化庆典，这有助于白俄罗斯民众不断加深对中国的认识，促进文化交流、知识互鉴、民心相通。"茶和天下"活动已成为中白人文交流的又一张亮丽名片。

数千年来，中国人赋予茶丰富而深刻的内涵，但在茶文化的传承和发展中，"和"文化始终贯穿其中，成为茶文化的核心精神。首先，茶文化涵养了中国人的生活方式和文化性格。中国茶叶种类、品饮方式、饮茶习俗等非常多元，彼此之间也相互学习、兼收并蓄、和谐共处，这充分体现出中国人和平合作、和而不同的文化理念。其次，茶文化促进了中华民族融合和文化认同。中国是个多民族国家，众多拥有不同文化、不同信仰的民族在这里繁衍生息。中原的团饼茶等早期的茶叶使用和制作方式至今在民族地区得以保存和传承，各民族也创造了奶茶、面茶、酥油茶等新的特色饮品。融合是茶的天性，茶将中国人的命运紧密联系在一起。最后，中国茶文化深刻影响了全球茶文化的发展。从古代丝绸之路、茶马古道、茶船古道，到今天丝绸之路经济带、21 世纪海上丝绸之路，茶穿越历史、跨越国界，茶文化也不断从中国传播到其他国家。

2019 年 11 月 27 日第 74 届联合国大会宣布每年 5 月 21 日为"国际茶日"，2022 年 11 月"中国传统制茶技艺及其相关习俗"列入联合国教科文组织人类非物质文化遗产代表作名录，反映了世界人民对中国茶文化的认可与喜爱。茶之道，折射出中国与世界的相处之道，也给今人以启示。

茶就像一道友谊的桥梁，将远隔万里的中白两国紧密相连。据史料记载，茶早在 16 世纪就开始从中国传入白俄罗斯，到 17 世纪后期，饮茶之风已普及社会各个阶层。如今，白俄罗斯不但有许多喜欢茶、爱喝茶的朋友，还有专卖中国茶和茶具的商家店铺。茶早已经融入了白俄罗斯人民的生活，为中白友好交往写下又一个生动注脚。茶文化促进了中华民族融合和文化认同。如内蒙古奶茶文化就是中华民族多元一体格局在茶文化中的鲜明体现。

为了以茶为媒，更好地加强与世界各国人民的友好合作，促进文明交流互鉴，中华人民共和国文化和旅游部推出"茶和天下·雅集"活动。2023年 5 月 27 日在明斯克自由广场成功举办了"茶和天下"活动，由中国文化和旅游部、中国驻白俄罗斯大使馆与明斯克市政府共同主办，云南省文化和旅游厅、中国对外文化交流协会、明斯克中国文化中心等单位承办，白俄罗斯华侨华人协会、中国在明斯克四家孔子学院、东方文化出版社协办。超过3 万名明斯克居民和首都嘉宾参加了此次活动，活动取得了巨大成功，成为中白文化交流的又一张亮丽名片。2024 年 6 月 1 日，白俄罗斯首都明斯克自由广场上再次飘起了奶茶的芳香。由中国文化和旅游部、中国驻白俄罗斯大使馆和明斯克市政府联合主办，明斯克中国文化中心、内蒙古自治区文化和旅游厅、明斯克市政府文化局承办，白俄罗斯华侨华人协会、明斯克市四家孔子学院协办的 2024 年白俄罗斯"茶和天下·雅集"活动在此惊艳亮相。"茶和天下"活动已经在白俄罗斯深入人心,成为最受当地政府及民众欢迎的文化活动之一。

在 2023 年成功举办"茶和天下"活动之后,由中国大使馆、中国文化和旅游部、明斯克市政府主办,白俄华侨华人协会承办了"茶和天下"系列活动,前后三场,前两次是 5 月下旬分别在白俄罗斯国立体育大学和明斯克中国文化中心分别举行的中国茶文化讲座。

最隆重的 2024 年"茶和天下"活动在六月一日国际儿童节这天举行,"茶和天下"寓意以茶促进和平、以对话解决争端,2024 年适逢白俄罗斯从纳粹者手中解放 80 周年,在这一背景下,"茶和天下"的活动更具意义。这次活动共分为三个阶段,持续近 9 个小时。其间,内蒙古鄂尔多斯乌兰牧骑艺术团倾情奉献系列内蒙古特色歌舞表演如《英雄赞》《顶碗舞》《古如之歌》《查日格鸟》等非物质文化遗产代表性项目,并用"呼麦"这一蒙古族独特艺术表现形式翻唱《茉莉花》等中国传统经典民歌;白俄罗斯国立体育大学孔子学院师生现场展示舞龙舞狮、武术表演,白俄罗斯"哈罗什基"国家模范歌舞团和"同龄人"模范功勋歌舞团穿插演出了《美丽的春天》《喀马林舞曲》《古萨乔克舞》《布拉斯拉夫斯基波尔卡舞曲》等白俄罗斯民族歌舞。现场观众反响热烈,频频齐声喝彩,掌声经久不息(见图 5-1)。

在中华美食区,奶茶、拉面、糖葫芦、煎饼等小吃摊位前排起了长龙;在传统文化互动区,写大字、下象棋、打快板、与身着蒙古族传统服饰的非遗传承人合影,体验者络绎不绝;在活动现场的空地上,中国留学生和白俄罗斯青年围在一起踢毽子,直到深夜,茶售罄、曲奏毕,相约来年再续茶缘。

茶文化是中华民族的瑰宝,通过该活动,不仅传承了中华优秀传统文化,也为双方提供了一个相互交流、学习的平台。谢大使最后强调,茶所蕴含的和谐、包容理念与"开放合作、互利共赢"的时代潮流高度契合。中方将秉持习近平主席提出的全球文明倡议重要理念,同白俄罗斯人民一道,以茶会友,继续促进中白人文交流和民心相通,不断夯实中白关系发展的民意基础,

图 5-1　"茶和天下"：明斯克自由广场演出现场

资料来源：明斯克中国文化中心公众号。

既造福两国和两国人民，也为构建人类命运共同体贡献中白力量。①

这次活动，到场民众达到 3 万多人，可谓万人空巷、盛况空前。当地民众评价称，这是在明斯克市举办过的人数最多、影响最大的外国文化活动。② 中国在白俄罗斯举办的"茶和天下"活动获得了巨大成功，充分反映了白方对中白文化交流的重视和对中国文化的喜爱，也印证了中白友好具有广泛的社会民意基础。

（二）"斯拉夫集市"

"斯拉夫集市"国际艺术节创办于 1992 年，每年举办一届。艺术节的宗旨是"促进世界各民族之间、不同国家斯拉夫人民之间的团结"，口号是"通过艺术走向和平与相互理解"。近年来，该艺术节的国际影响力不断扩大，2000 年第九届"斯拉夫集市"国际艺术节举办时，居住在全球不同国

---

① 中国驻白俄罗斯大使馆网站．谢小用大使出席 2024 年白俄罗斯"茶和天下·雅集"活动开幕式［EB/OL］．（2024-06-02）［2024-08-23］．http：//by.china-embassy.gov.cn/chn/sssgxwdt/202406/t20240602_11368930.htm.

② 网易．推动中白合作提质升级 共同造福两国人民［EB/OL］．（2023-08-30）［2024-08-23］．https：//www.163.com/dy/article/IDDBQQKF0514R9M0.html.

家的斯拉夫民族几乎全都派出了自己的代表参加。迄今为止，已经有 65 个国家的艺术团体参加过这一盛会。

2015 年，"斯拉夫集市"国际艺术节在有着"艺术之都"美誉的白俄罗斯北部城市维捷布斯克开幕。独联体成员国以及德国、丹麦、意大利等 34 个国家的 5000 多位艺术家应邀参加艺术节，为观众带来 50 多场演出。在该届艺术节上，观众不仅可以在露天剧场、音乐厅、歌剧院等场所欣赏艺术家们的精彩表演，还能够通过街头巷尾搭建的临时舞台观看演出。艺术节期间，还颁发了 2014~2015 年度"俄白联盟国家文化艺术奖"，举办"国际通俗歌曲比赛""国际儿童音乐比赛"以及俄罗斯、白俄罗斯、乌克兰文化日等活动。

2023 年 7 月，"斯拉夫集市"国际艺术节为期五天，来自俄罗斯、哈萨克斯坦、摩尔多瓦、格鲁吉亚、拉脱维亚和白俄罗斯等 30 多个国家 5000 多名艺术家参加艺术节比赛和演出。白俄罗斯中国华人华侨协会应邀参加了艺术节。斯拉夫集市为白俄罗斯及斯拉夫地区的文化交流和传播提供了重要平台，有助于增进各国人民之间的了解和友谊。通过贸易交流，集市为当地经济注入了活力，促进了商品和服务的流通。作为白俄罗斯的重要文化活动之一，斯拉夫集市有助于提升举办城市的知名度和形象。

2024 年 7 月 12 日，上海合作组织成员国民族文化日活动由白俄罗斯文化部主办，依然在白俄罗斯北部城市维捷布斯克进行，该活动在第 33 届"斯拉夫集市"国际艺术节框架下举行，包括上海合作组织成员国文化论坛、民族音乐会及民族文化展等。白俄罗斯文化部长马尔科维奇、上海合作组织（简称"上合组织"）秘书长张明及上合组织 10 个成员国、对话伙伴国阿塞拜疆的文化部门负责人和驻白使节等参加。

上合组织张明秘书长在论坛致辞中表示，20 多年来，在成员国共同努力下，上合组织文化合作领域不断拓展并取得丰硕成果，文化合作共同立场日益坚定，文化合作机制建设不断完善，文化合作务实举措持续开展。白俄罗斯与本组织其他成员国在历史、文化、习俗方面既有共同点，又各具特色。相信包括白方在内的在座各位同事将坚持以"上海精神"为指引，引领、规划、推动本组织文化交流合作走深走实，为构建上合组织共同、多元、繁荣的文化空间不断做出新贡献。

白俄罗斯外交部长马尔科维奇在致辞中表示，尽管上合组织成员国之间相隔千里，语言文化不尽相同，但尊重历史、尊老爱幼、勤劳善良等共同价值观为各成员国架起了友谊的桥梁，为不同文化之间的交流合作奠定了基础。白俄罗斯积极参与上合组织文化合作，签署加入上合组织文化领域合作协定和文化遗产保护协定，举办上合组织文化交流日、"落叶时节"电影节、戏剧节等文化合作活动，为各国展示独特的民族文化精彩风貌搭建平台。未来，白俄罗斯愿在上合组织框架内深化文艺人才培养和保护传统民间文化等方面的合作，同各成员国一道将上合组织文化合作推向新高度。

时任中国驻白俄罗斯大使谢小用在致辞中首先祝贺白俄罗斯正式成为上合组织大家庭一员，并指出上合组织地区孕育了众多古老文明，不同民族、不同文化、不同宗教在此交融汇聚、相得益彰。上合组织发展最牢固的基础在于文明互鉴，最深厚的力量在于民心相通。中国是上合组织创始成员国之一，始终将上合组织作为外交优先方向。中方愿与上合组织各成员国一道，携手构建平等互惠、包容互鉴的文化合作关系，携手构建更加紧密的上合组织命运共同体，为上合组织发展注入更加团结的蓬勃动力，为实现地区和平与繁荣做出新的贡献。

各国嘉宾在发言中向白俄罗斯正式加入上合组织大家庭表示欢迎和祝贺，积极评价上合组织为深化域内国家文化交流融通和推动民心相通发挥的重要作用，详细介绍本国在上合组织框架内开展文化交流取得的成果和未来合作愿景，期待中方作为 2024~2025 年上合组织轮值主席国能够为促进本组织文化交流合作做出新的贡献。

（三）"汉语桥"

"汉语桥"世界中文比赛是由中国中外语言交流合作中心主办的大型国际中文比赛项目，自 2002 年以来每年一届，被誉为全球中文"奥林匹克"。"汉语桥"比赛不仅仅是几场激烈的比赛，更是世界各国学习中文的大中小学生展示中文能力，相互学习、相互交流的一个大舞台，是全球中文学习者的"群英会",也是全球"汉语热"的一个缩影。

近年来,随着中白两国政治互信不断增强,务实合作不断深化,人文交流持续扩大,对了解中国文化、掌握中文的人才需求也在日益增大。白俄罗斯已有多家高校和中小学开设了中文课程,中文还被列入了白俄罗斯国家统一考试外语选考科目,白俄罗斯中文学习者仍在持续增加。2024年白俄罗斯赛区有超过200多名大、中、小学生参赛,相比上年翻了近1倍,报名人数创历史之最。2024年比赛除参赛学生最多这一特点外,小年龄选手参赛并取得好成绩也是一大亮点。在参赛选手中,有3位同学年龄仅有7岁,其中,来自布列斯特第28中学和布列斯特国立普希金大学孔子学院的一位女学生获得小学生组第二名,尤为难能可贵。经过评委们的严格评审,大学生组12人、中学生组12人、小学生组15人进入了决赛环节。本届大、中、小学生比赛的3名冠军还参加了8月在北京举办的"汉语桥"全球总决赛。

(四)"国际中文日"

2010年,联合国将4月20日二十四节气之"谷雨"定为"国际中文日",以纪念中华文字始祖仓颉造字的贡献。在2023年"国际中文日"的全球庆祝热潮中,中国驻外国使领馆陆续举办了丰富多彩的中文和中国文化活动,与所在国民众共同庆祝"国际中文日"。中国驻白俄罗斯大使馆举办"国际中文日"暨中国文化艺术节活动,时任中国大使谢小用在致辞中表示,希望大家能从感知中国文化开始,逐渐成为中白文化交流与友好合作的推动者。在开幕式上,中白两国师生同台演出,为观众奉献了歌曲《说唱脸谱》、诗朗诵《再别康桥》、舞蹈《大唐盛世》等精彩节目,赢得了阵阵掌声和喝彩。

2024年为迎接第15个"国际中文日"的到来,促进白俄罗斯汉语学习者的学习与交流,在教育部中外语言交流合作中心与"中文联盟"的支持下,白俄罗斯的每个孔子学院都开展了丰富的活动。

4月12日、19日,白俄罗斯国立大学共和国汉学孔子学院分别在莫吉廖夫市第四中学和沃尔科维斯克市第二中学2个下设教学点展开大师班文化体验活动,参与活动的中小学师生有200余人。

　　白俄罗斯国立技术大学科技孔子学院 4 月 6~20 日举办了"国际中文日"系列活动。该系列活动以"线上线下相结合"的形式组织，包括征文比赛、中华文化展示和知识讲座三部分，从 4 月 6 日开始，相继在白俄罗斯国立技术大学以及明斯克第 15 中学、第 18 中学、第 22 中学、第 40 中学举行。4 月 20 日"国际中文日"当天，系列活动进入高潮。两场知识讲座和茶艺书法展示大师课吸引了 200 多名白俄罗斯国立技术大学的师生来到活动现场。科技孔子学院李文学院长分上、下午两场，为国立技术大学的师生做了题为"中国、中国文化与汉语学习"的知识讲座，科技孔子学院优秀学员丽娅分享了自己学习汉语的感悟，激起了学生的浓厚兴趣。讲座间隙，科技孔子学院教师进行了茶艺和书法大师课展示，让白俄罗斯大学生亲身体验了中国文化的魅力。

　　戈梅利国立大学孔子学院于校外教学点第 46 中学举办"国际中文日——中文：架起文明互鉴桥梁"系列活动（见图 5-2）。演出结束后，戈梅利国立大学孔子学院为第 46 中学的学生准备了充满趣味与挑战的文化体验活动。学生尽情享受着投壶、踢毽子、解智力环等中华传统游戏带来的乐趣，从汉字拼写中领略着汉字书写的艺术之美，在古筝、书法和茶艺体验区域发现中华文化的深邃与魅力。孔子学院在各个体验区设置了打卡任务，并为集齐打卡点印章的学生准备了精美奖品，这既是对他们积极参与活动的鼓励，也是对他们学习中华文化成果的认可。

　　其他各孔子学院也都结合自身情况与学生们举行了丰富有趣的活动。

（五）其他项目

1. 《习近平谈治国理政》白俄罗斯文版在白俄罗斯出版

　　《习近平谈治国理政》是中国国家主席习近平的重要著作，自 2014 年出版第一卷以来，目前已出版发行 4 卷，共推出 40 个语种，覆盖全球 180 个国家或地区，成为我们这个时代最具影响力的领导人著作之一。这部著作内容丰富、思想深邃，集中体现了习近平新时代中国特色社会主义思想的精神实质、丰富内涵和发展脉络，是了解新时代中国治国理政方略、中华民族现代文明的权威读本，受到各国政要、专家学者、广大民众的普遍欢迎。

图 5-2　"国际中文日"戈梅利国立大学孔子学院组织活动

资料来源：戈梅利国立大学孔子学院公众号。

习近平主席指出，读懂中国，关键要读懂中国式现代化。《习近平谈治国理政》第四卷就是读懂中国式现代化的最佳读本。

《习近平谈治国理政》第一卷白俄罗斯文版是两国出版界、翻译界通力合作的重要成果，也是中白人文交流和文明互鉴的生动见证，更是两国关系史上的一件大事。相信用白俄罗斯人民的母语出版发行的《习近平谈治国理政》第一卷将真正走进大家的心灵，必将促进白俄罗斯读者更好地认识和理解中国道路的历史纵深和文化根基，中国共产党为了谁、依靠谁的执政理念，以及建设更加美好世界的中国智慧。

卢卡申科总统和习近平主席建立了长期稳固的友谊，两国不仅在经贸、工业、农业、人文领域开展密切合作，还携手为全球性挑战和威胁寻求高效解决方案。中白全天候全面战略伙伴关系证明了两个经济实力、宗教信仰、历史文化各不相同的主权国家能够找到共同语言并和平相处，是国与国互利共赢的成功典范。

2. 中国大使奖学金项目的设立

中国大使奖学金设立的目的在于调动白俄罗斯学子学习汉语的热情、推动汉语教学在白发展、激励更多白俄罗斯青少年了解汉语和中国文化。自2016 年以来，白俄罗斯已有 264 名品学兼优的汉语学习者获得这份荣誉。

风格迥异的书法艺术代表着汉语的形象之美，朗朗上口的诗词歌赋传递着汉语的音律之美，妙趣横生的文学作品寄予着汉语的意韵之美。无数外国友人先是被它的汉字外形所吸引，接着为它表达方式的隽永含蓄而痴迷，最终被它字里行间透露出的独特风骨所折服。汉语是一扇展现中国深厚历史文化积淀和成功发展经验的窗口。中国历史以其悠久绵延而著称，中华文化以其包罗万象而闻名。恢宏壮丽的名胜古迹、浩如烟海的文化古籍、弥足珍贵的典章文物，这些中国历史文化符号跨越五千年而历久弥新，滋养着辉煌灿烂的中华文明，汇聚起中华民族历经千难万险而不断复兴的精神力量。

中白经贸、投资、科技、教育、文化等各领域合作蓬勃开展，诸多大项目、大企业相继运营，还有众多新项目和新合作将应运而生，由此对相关人才的需求越来越多，仅中白巨石工业园就集聚了数十家中白企业，需要大批懂汉语和了解中国文化的白方人才。上述背景催生了白俄罗斯的"汉语热"。目前在白俄罗斯共有 7 所孔子学院和 2 个独立孔子课堂，近 5 万人学过汉语，先后有上百名青少年在奥林匹克汉语竞赛和"汉语桥"中文比赛中取得骄人成绩。

随着两国联合投资项目数量的不断增加，中白工业园持续发展，专业中文人才需求迅速增长，因此白方高度重视扩大汉语学习普及度。据统计，本学年白俄罗斯全国共有约 6000 名中学生学习汉语。绝大多数学习汉语的中学生毕业时获得了汉语三级或四级证书。越来越多的白俄罗斯青年参加国际汉语奥林匹克竞赛和"汉语桥"中文比赛并取得优异成绩。在师资力量储备方面，明斯克国立语言大学和白俄罗斯国立大学孔子学院持续对白俄罗斯中学教师开展培训，为各大中学提供大量优秀的汉语教师人才。

学习汉语在白俄罗斯蔚然成风，有 35 所中小学和 11 所高校设立中文科目，38 所学校开设中文兴趣班，中文还被列为白俄罗斯国家统一毕业升学考试的外语选考科目之一。

3. "清溪清我心"展览

展览别出心裁地取名为"清溪清我心"，取自中国唐代著名诗人李白《清溪行》中的诗句，表达了诗人喜清厌浊的高尚情怀，也寄寓了中华民族人与自然和谐共处的价值取向、生活哲学，以及对和平、友善、和谐的深切渴望。展览呈现了 80 余件珍贵的中国艺术作品，囊括绘画、书法、服饰、木雕、瓷器和铜器等多种艺术形式，跨越了 17 世纪到 21 世纪。这些展品艺术手法多样，体现了中国艺术家们在不同历史时期的想象力、创新力和精湛的艺术技巧。相信这次展览能够使白俄罗斯的朋友们更加深入地理解中国的辉煌历史和多姿多彩的文化艺术，直观地感受中华文化的博大精深，领悟中国人民追求美好生活的恒久愿望。

格罗马达第一副部长在致辞中表示，白俄罗斯国家美术馆自 20 世纪 60 年代起收藏中国艺术品，迄今为止中国艺术藏品数量已超过 1000 件，这些藏品体现了中国传统艺术的多样性和独创性。中国艺术品形象结构变化多样，体现在生活的方方面面，并蕴含着丰富的文化寓意，促进了中国艺术的延续与发展。在中白关系持续向好背景下，此次展览有助于两国加强文化交流，巩固民间友谊。展览于中国春节除夕开幕具有重要意义。

白俄罗斯国立大学孔子学院与白俄罗斯国家美术馆长期开展互利合作，2023 年白俄罗斯国立大学孔子学院在白俄罗斯国家美术馆举办了系列中国文化大师班，孔子学院教师两次参观了"大美至纯——韩玉臣西藏题材油画精品展"。这些展览中展出的精美中国艺术品给观众带来了美好的享受。孔子学院还将在展览框架内举办相关的中国文化大师班宣介中国文化艺术。

2023 年 12 月，第 78 届联合国大会协商一致通过决议，将春节（农历新年）确定为联合国假日。如今，春节民俗活动已走进 200 多个国家或地区，全球约有五分之一的人口以不同的形式庆祝农历新年。"欢乐春节"活动在白俄罗斯已连续举办 9 年，越来越多的白俄罗斯民众通过"欢乐春节"活动认识中国、了解中国文化。2024 年线下举办白俄罗斯"欢乐春节"《古籍里的古曲》新春民族音乐会，以古籍为灵感、以古曲为载体、以音乐为语言，用优美的中国古典乐曲带领大家领略中华文明的博大精深和历久弥新，倾听中国人民对和平、友谊、合作的美好愿望。

三　中白合作办学、文化交流的代表机构

白俄罗斯国立大学等白俄罗斯的各类高校和中白共建的孔子学院是中白

合作办学的实施者，也是文化交流的主力军。另外，双方的多家机构和多类人群参与了两国的文化交流。

（一）明斯克中国文化中心

明斯克中国文化中心设立于 2016 年 12 月 21 日，是中国政府在白俄罗斯设立的文化机构，是促进中白两国文化和旅游交流与合作的重要平台。中心围绕"中白两国间文化和旅游交流、文旅展示、教学培训、信息服务"的职能定位，奉行"优质、普及、友好、合作"的宗旨，举办丰富多彩的文化和旅游活动，全方位展示中国文化和旅游资源，促进中白文旅交流与合作，增进两国人民间的相互了解和友谊。中心成立八年来，在白俄罗斯社会的知名度和影响力日益增强，已成为白俄罗斯人民了解中国文化和旅游资源的重要平台和窗口。

1. 明斯克中国文化中心组织和参与了"欢乐春节""天涯共此时""茶和天下"等品牌活动

自 2010 年春节开始，文化部会同国家相关部门、各地文化团体和驻外机构在海外共同推出"欢乐春节"这项大型文化交流活动，目的是与各国人民共度农历春节、共享中华文化、共建和谐世界。明斯克中国文化中心自 2015 年开始举办"欢乐春节"活动，至 2024 年已连续举办 10 年。2024 年是走出疫情阴霾后于线下举办的第一场新春音乐会。此外，在"欢乐春节"系列活动中通常还包括春节庙会、"春节习俗"讲座、春节贺岁电影周、"欢乐春节"杯国际象棋公开赛、点亮中国红、走进中心过大年等系列活动。

在中国，茶不仅体现了"人与人之间友好和谐、和平共处""天人合一"的中华文化精神内涵，而且作为"无声的使者"，促进了人与人之间及不同文明间的交流。"和"是中国茶文化的灵魂所在，意味着天和、地和、人和。茶的质朴、简约、温和是"中和""包容"的最佳内涵体现。以茶和天下，追求"和而不同""和谐相生"之道，充满了中国智慧的人生哲学和世界观。如上文所述，明斯克中国文化中心等单位共同承办了连续两年的"茶和天下·雅集"活动。

"天涯共此时"活动始于 2017 年。该活动每年在中秋节前后举办，由世界各地的中国文化中心和旅游办事处联动，通过丰富多彩的文化活动向各国民众阐释中秋节所蕴含的团圆、和谐、幸福的文化内涵，展现中华民族的亲情观、家庭观和价值观。活动旨在展示中华传统文化，推动文明交流互鉴，已成为重要的中国传统节庆活动品牌之一，受到各国民众的欢迎。每年 9 月，明斯克中国文化中心携手国内合作单位及当地孔子学院、白俄罗斯象棋协会等伙伴单位联合推出白俄罗斯"天涯共此时"中秋节系列活动。活动包括"天涯共此时"中秋音乐会、中秋诗会、讲座、象棋赛、电影周等内容，通过精彩纷呈的活动向白俄罗斯人民介绍中国传统的文化习俗和家庭观、亲情观，分享节日的喜悦。

2. 明斯克中国文化中心还组织或参与白俄罗斯当地的活动

多年来中心致力于利用外方平台讲好中国故事、传播中国声音。如参加每年 3 月举行的明斯克国际书展，夏季的"维捷布斯克"文化节、秋季的"落叶时节"明斯克国际电影节等。

2024 年 7 月 12 日，上海合作组织成员国民族文化日活动在白俄罗斯北部城市维捷布斯克举办，该活动在第 33 届"斯拉夫集市"国际艺术节框架下举行，包括上海合作组织成员国文化论坛、民族音乐会及民族文化展等。本次活动由白俄罗斯文化部主办，白俄罗斯文化部长马尔科维奇、上合组织秘书长张明及上合组织 10 个成员国、对话伙伴国阿塞拜疆的文化部门负责人和驻白使节等参加。中心参与了活动的组织筹备工作。

2024 年 11 月 1 日，第 30 届"落叶时节"明斯克国际电影节在白俄罗斯共和国宫隆重举行。同日，由中国国家电影局、中国驻白俄罗斯大使馆及白俄罗斯文化部主办，明斯克中国文化中心和中国电影资料馆承办的"白俄罗斯中国电影日"开幕式也将在首都明斯克胜利影院拉开帷幕。本次电影日活动期间展映了《三大队》《人生大事》《热辣滚烫》《龙马精神》等四部近年优秀国产影片。中国文化中心作为承办单位，参与了活动的组织协调筹备等各项工作。

"落叶时节"明斯克国际电影节创办于 1994 年，此后每年举办一次。

该电影节旨在展示白俄罗斯和世界优秀电影作品及电影艺术成就，发展巩固国际文化交流，促进青年一代电影人的成长，是波罗的海、中亚及中东欧地区重要的竞赛性电影节之一。本次电影节除设置竞赛和非竞赛单元电影展映外，还举办创作者见面会和电影家座谈等活动。

3. 明斯克中国文化中心常规工作多姿多彩

近年来明斯克市中国文化中心先后举办了"中国脱贫攻坚成就"图片展（2021年）、"中国共产党的100年"展览（2021年）、"新时代中国的非凡十年"图片展（2022年）。目前，中国文化中心在周末举办中国画和象棋大师班，不同年龄段的人都可以参加。文化中心还积极与图书馆、博物馆、展览馆、学校和大学合作，捐赠中国文化宣传品（文化展览图片、书籍、DVD），并为文化机构举办活动提供协助。此外，在开放的时间段，游客可以在文化中心阅览室读书。另外，应白俄罗斯中小学校的要求，文化中心定期邀请白俄罗斯中小学生来中心参观并体验中国文化，培养白俄罗斯学生对中国文化的热爱（见图5-3）。

4. 明斯克中国文化中心通过各种传媒传播文化活动

2023年"茶和天下"活动期间，中国文化中心通过微信、VK、Ins、脸书、抖音等社交媒体平台共发帖35个，观看12000余次，点赞2000余个。白通社、白国家电视台、今日白俄罗斯等白主流媒体对活动进行了全方位报道。仅在"油管"发布的活动视频，观看达35700余次，点赞1500余个；2023年"天涯共此时"活动，同时通过微信、VK、Ins、脸书等平台进行推广宣传。节日期间，中心共在各平台发帖39个，浏览量为20294次，点赞980个。①

（二）白俄罗斯中国华侨华人协会

白俄罗斯华侨华人协会在组织和发挥华侨华人力量、促进中白文化交流方面也做出了自身的贡献。

目前在白俄罗斯的华侨大部分生活在白俄罗斯的首都明斯克，他们由三

① 数据来自：明斯克中国文化中心.

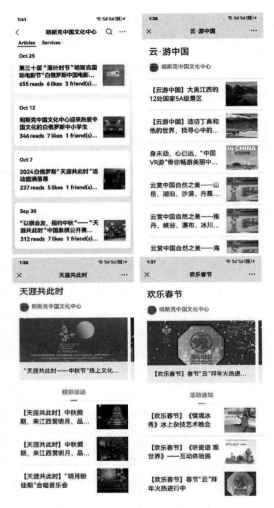

图 5-3 明斯克中国文化中心丰富的文化活动

资料来源：明斯克中国文化中心公众号。

部分群体组成：一是华侨和留学生；二是在中资企业工作的员工；三是自主经营者，主要从事餐饮、旅游、商业经营等工作。而白俄罗斯中国华侨华人协会始终以维护广大在白侨胞利益为己任，在工作中坚持把"五个成为"作为工作目标，即努力成为使馆和华侨华人连接的桥梁、华侨华人爱国奉献的通道、团结互助的港湾、华侨华人创业发展的阶梯和中白两国人民友好往来的纽带。白俄罗斯中国华侨华人协会的宗旨具体是：坚决拥护中国共产党，坚持"一个中国"的原则；弘扬中华文化。积极参与"一带一路"的发展建设，促进中白文化交流、经济交流。通过组织相应的研讨会以及学习、参观、座谈、展览会等活动，让白俄罗斯人民更加了解中国，更多地支持中国；力争把白俄罗斯中国华侨华人协会建设成华侨与使馆、与祖国交流的平台、联系的纽带，为生活在白俄罗斯的华侨们营造一个和谐的气氛，让生活在异国他乡的华侨们互相关心、团结互助，使华侨们生活得更加美好。

自 2022 年底至 2023 年 12 月，白俄罗斯中国华侨华人协会登记备案人员从 30 多人增长到 100 余人。2023 年在第 32 届白俄罗斯"斯拉夫集市"国际艺术节框架下，白俄罗斯中国华人华侨协会举办了中国美食节和中国文化展。节日期间，协会向白俄罗斯民众展示了中华美食的独特魅力及中华艺术的风采，提升了协会在所在国的形象和影响力。

2024 年，在大家的共同努力下，协会圆满举办了一系列的活动，为华侨华人社群增添了无数的欢乐和温暖。包括 1 月新春之际协会在白俄罗斯国家音乐厅成功举办的新春交响音乐会，与维捷布斯克市政府成功举办了中国春节"灯笼展"，以及 6 月在明斯克主办的中国古诗词音乐会等，活动为中白观众送上珍贵的中国节庆礼物，也是促进中白文化交流的一个创新举措，让身在海外的侨胞们也能体验到浓厚的中国传统节日氛围，是丰富两国民间外交方式的有益尝试。中国春节"灯笼展"上的每一个灯笼，都是由白俄罗斯人亲手制作的，这充分展示了白俄罗斯人民对中国传统的了解与喜爱。

（三）白俄罗斯国立大学

白俄罗斯国立大学（Belarusian State University，BSU），作为白俄罗斯共和国的最高学府之一，不仅有着深厚的历史底蕴，更在现代教育与研究领域展现了卓越的成就与影响力。

白俄罗斯国立大学成立于 1921 年，是白俄罗斯第一所国立大学，其创建标志着白俄罗斯高等教育的新篇章。在苏联时期，BSU 与莫斯科国立大学、圣彼得堡国立大学、基辅国立大学并称为苏联四大国立大学，是独联体国家顶尖的高等教育机构之一。

BSU 的初创阶段虽面临诸多挑战，但发展迅速。最初由 3 个学院组成，招收学生 1390 名，教师团队包括 14 名教授、49 名讲师和 10 名助教。随着时间的推移，BSU 不断扩展其院系设置和学科领域，至 1930 年已拥有 6 个学院，教职员工人数显著增加。在二战期间，BSU 虽遭受重创，但始终保持着教育与科研的连续性，为战后重建和国家发展培养了大量人才。

白俄罗斯国立大学以其卓越的科研与教学成就闻名于世。该校在物理学和计算机科学领域享有全球盛誉，特别是物理学和数学在欧洲排名第一。此外，国际关系学院培养了大量政治领袖，生物科学和新闻学等学科在欧洲学术界也极具影响力。BSU 还产生了多位诺贝尔奖获得者，如著名作家斯韦特兰娜·亚历山德罗夫娜·阿列克谢耶维奇等，这些成就彰显了学校在科研和教育方面的卓越贡献。

近年来，白俄罗斯国立大学在国际排名中屡获佳绩。在 2024 年的 QS 世界大学排名中，BSU 位居第 387 位，这一排名是基于对全球范围内学术论文、学者与雇主的广泛评估得出的。同时，BSU 在 U.S. News 世界大学排名、CWUR 世界大学排名等权威榜单中也名列前茅。这些排名不仅肯定了学校的学术研究和教育质量，也提升了其在国际舞台上的知名度和影响力。

白俄罗斯国立大学现设有 27 个院系和 60 多个科研机构，涵盖了广泛的学科领域。以下是一些具有显著优势的院系及专业介绍。物理学和计算机科学是 BSU 最具国际竞争力的学科之一。在物理学领域，学校拥有一流的研究团队和先进的实验设施，开展了多项具有国际影响力的研究项目。计算机科学专业则注重理论与实践相结合，培养了大量在信息技术领域具有创新精神和实践能力的优秀人才。国际关系学院和新闻系是 BSU 的另一大亮点。国际关系学院培养了大量具有国际视野和外交才能的政治领袖和外交官。新闻学专业则紧跟时代潮流，设置了印刷媒体、视听媒体、网络新闻等多个方向，为学生提供了全面的新闻传媒教育。经济系和法律系是 BSU 的传统优势学科。经济系开设了经济理论、经济学、金融和信贷等多个专业方向，注重培养学生的经济思维和管理能力。法律系则涵盖了政治学、经济法、法律学等多个领域，为培养具有法律素养和国际视野的法律人才提供了坚实的平台。此外，BSU 还设有化学系、生物系、地理系等多个院系，每个院系都有其独特的专业优势和研究方向。这些院系共同构成了 BSU 庞大的学术体系，为学生提供了多元化的学习和发展机会。

在国际合作与交流方面，白俄罗斯国立大学与几十个国家或地区的高校和科研机构建立了紧密的合作关系。这些合作不仅促进了学术研究的深入发展，也为学生提供了丰富的海外学习和交流机会。

2006 年，中国国务院与 BSU 协定成立了孔子学院，旨在推广汉语和中国文化，并加强中白两国在教育领域的合作与交流。孔子学院的成立为两国学生提供了学习对方语言和文化的平台，也促进了双方在教育领域的深度合作。2017 年，BSU 与大连理工大学合作办学设立了中白学院。该学院结合了中白两国的教育资源和优势学科，为学生提供了高质量的教育和培训机会。中白学院的成立不仅促进了中白两国在教育领域的合作与交流，也为两国学生提供了更多元化的学习和发展路径。

白俄罗斯国立大学和中国高校之间的合作成果便是例证，目前白俄罗斯国立大学与 73 家中国高校和科研机构签署了 112 份合作协议，与北京大学开展的生物技术联合研究项目顺利进行，与大连理工大学共建的两所联合学院运行良好。此外，超过 3500 名中国留学生就读于白俄罗斯国立大学，约占本校外国留学生人数的 70%，近三分之一的中国留白学生就读于本校。此次中方教育代表团访白具有历史性重要意义。能够接待规模如此庞大的中方一流高校代表团，白俄罗斯国立大学深感重任在肩、荣誉在身。

白俄罗斯国立大学与包括北京大学和青岛大学在内的 30 余所中国大学开展了合作。在两国关系飞速向前发展背景下，白俄罗斯亟须培养越来越多高素质、会中文、懂国情的律师、金融从业者、经济学家、会计师、翻译等多领域专家，以解决双边合作中面临的各种问题。①

---

① 中国驻白俄罗斯大使馆网站. 谢小用大使出席白俄罗斯第七届青年汉学家研讨会［EB/OL］.（2024 - 06 - 02）［2024 - 09 - 08］. http：//by. china - embassy. gov. cn/chn/sssgxwdt/202403/t20240302_11252922. htm.

2024 年 3 月，白俄罗斯国立大学与中国三亚亚洲科技城共同建设了白俄罗斯国立大学中国创新教育研究院，中国创新教育研究院致力于推动开展科技与教育合作，打造白俄罗斯-中国科技与教育合作平台，开展科技成果转化、国际科技合作、学术交流，本科、硕士、博士阶段预科教育与白俄罗斯国立大学生来华学习等项目。

（四）白俄罗斯国家科学院

白俄罗斯国家科学院，作为白俄罗斯共和国的最高学术机构，自其成立以来，一直在科学研究和教育领域发挥着举足轻重的作用。

白俄罗斯国家科学院的前身可以追溯到 1922 年成立的白俄罗斯文化研究所（INBELULT），该机构为后来的科学院奠定了基础。1928 年 10 月 13 日，根据中央执行委员会和人民委员会的决议，白俄罗斯文化研究所改组为科学院，标志着白俄罗斯国家科学院的正式诞生。此后，科学院经历了多次更名和重组，包括白俄罗斯苏维埃社会主义共和国科学院（1936~1991 年）和白俄罗斯科学院（1991~1997 年），最终在 1997 年 5 月 15 日，根据白俄罗斯共和国总统令，正式更名为白俄罗斯国家科学院，并确立了其作为国家最高科学组织的地位。

白俄罗斯国家科学院现设有 72 个研究所，涵盖了自然科学、技术科学、人文科学、社会科学和艺术等多个领域。这些研究所不仅承担着基础科学研究任务，还致力于应用科学研究和开发，为白俄罗斯的科技进步和社会发展提供强有力的支撑。科学院的组织结构完善，包括科学院院士、科学院成员、科学院荣誉成员和外国成员，以及科学院的分支机构、科学组织（如科学院的科学实践中心）和下属的其他法律实体。

白俄罗斯国家科学院在多个科学技术领域拥有世界领先的研究成果。特别是在激光物理和技术、高温等离子体物理和技术、传热传质理论和技术、精密机械零件轧制等领域，科学院的研究成果在国际上享有盛誉。此外，科学院还积极参与国际科研合作，与多个国家或地区的科研机构建立了广泛的合作关系，共同推动全球科学研究的进步。

科学院拥有一支高素质的研究队伍，现有约 14000 名员工，其中研究人员占比显著，包括理科博士、理科候选人等高级科研人员。这些科研人员不仅具备扎实的专业知识和丰富的实践经验，还具备强烈的创新意识和团队协作精神，为科学院的科研事业注入了源源不断的活力。白俄罗斯国家科学院不仅致力于科学研究，还非常注重人才培养。科学院下设的科研人才培养学院（现已更名为白俄罗斯国家科学院大学），是白俄罗斯乃至欧洲地区重要的高等教育机构之一。该学院拥有完善的学科体系和先进的教学设施，为学生提供了良好的学习环境和广阔的发展空间。学院的专业设置涵盖了物理、数学、计算机科学、技术科学等多个领域，旨在培养具有国际视野和创新精神的高素质科学人才。

此外，科学院还积极与国内外高校和科研机构开展合作，共同培养研究生和博士后研究人员。通过联合培养、学术交流等方式，不断提升学生的科研能力和综合素质，为白俄罗斯的科技进步和社会发展培养更多的优秀人才。白俄罗斯国家科学院高度重视国际交流与合作，积极参与国际科研合作项目和学术会议，与全球多个国家或地区的科研机构建立了紧密的合作关系。通过国际交流与合作，科学院不仅引进了先进的科研理念和技术手段，还推动了自身科研成果的国际化进程。同时，科学院还积极向国际社会展示白俄罗斯在科学研究领域的成就和贡献，提升了白俄罗斯在国际科学界的知名度和影响力。

中国是白俄罗斯国家科学院最重要的合作伙伴。白俄罗斯国家科学院同中国 15 个省科学院签署了合作备忘录，与北京大学、哈尔滨工业大学等多所中国高校建立了合作关系。中国首位进入太空的航天员杨利伟等多位科技界知名人士曾到访白俄罗斯国家科学院，中国科学院前院长白春礼是白俄罗斯国家科学院首位来自中国的外籍院士。白俄罗斯国家科学院亦是"一带一路"国际科学组织联盟创始成员之一。

（五）孔子学院和孔子课堂

目前我国在白俄罗斯共和国共有 7 所孔子学院和 2 个独立孔子课堂，7 所孔子学院分别是白俄罗斯国立大学共和国汉学孔子学院、明斯克国立语言大学孔子学院、白俄罗斯国立技术大学科技孔子学院、戈梅利国立大学孔子学院、白俄罗斯国立体育大学孔子学院、布列斯特国立普希金大学孔子学院和莫吉廖夫国立大学孔子学院。

1. 白俄罗斯国立大学共和国汉学孔子学院

孔子学院在白俄罗斯的创立可追溯到 21 世纪初，随着中国经济的迅速发展，对外文化交流需求的日益增强，中白两国在教育领域的合作日益加强，孔子学院在白俄罗斯应运而生，成为两国文化进一步深入交流的重要桥梁。

白俄罗斯国立大学共和国汉学孔子学院（以下简称"白大孔院"）成立于 2006 年 7 月 5 日，于 2007 年 1 月 29 日正式揭牌成立，是白俄罗斯第一所孔子学院，也是白俄罗斯政府为了推动白俄罗斯的汉学家队伍培养而成立的一所国家层面的汉学特色孔子学院，因此命名为"共和国汉学孔子学院"。白大孔院的白方承办院校为白俄罗斯国立大学，中方合作院校为大连理工大学。

孔子学院在中白双方共同努力下，取得了长足发展，并获得多项荣誉：2011 年被评为"全球先进孔子学院"；2016 年获批建设示范孔子学院；2019 年被授予"示范孔子学院"称号。白大孔院位于明斯克市中心的独立四层建筑，总建筑面积 3600 平方米，是目前全球较大的孔子学院。目前，白大孔院下设格罗德诺杨卡·库帕拉国立大学、白俄罗斯国立经济大学、明斯克第 23 中学、奥尔莎第 16 中学等 4 个孔子课堂，以及明斯克州莫列维奇中学、明斯克第 12 中学、布列斯特第 7 中学、沃尔加维茨克第 2 中学、莫吉廖夫第 4 中学以及 2023 年 5 月新增的巴拉诺维奇第 17 中学共计 6 个教学点。

白大孔院的特色重点项目如下。

（1）白俄罗斯汉学家培养及汉学基地建设

白大孔院每年都会举办青年汉学家研修班，为中白两国的青年汉学家在经济与文化等领域的互动提供了良好的思想交流平台，助力中白两国的青年汉学家们对近年来中白合作的各个领域有更全面的认识与了解，也为他们未来的汉学研究提供了丰富的语料知识。此外，白大孔院还定期组织各类研讨会、论坛，举办了"中国文明对话"、"一带一路：白俄罗斯的机遇"国际学术研讨会及"当代中国成就"等国际论坛，在充分利用现代信息技术的基础上，积极推动白俄罗斯的汉学发展，致力于培养高水平的汉学家。为给白俄罗斯汉学家培养提供重要的资源数据库和工作平台，白大孔院申请启动了白大孔院"中国馆"图书馆建设项目，成为白俄罗斯汉学家培养的重要数据库和工作平台。2020年2月，白大孔院"中国馆"纳入白俄罗斯国立大学总图书馆体系进行运营管理，全部书籍已经入库白俄罗斯国立大学图书检索系统，供符合入馆条件的教学及科研人员免费借阅使用。

（2）本土汉语教师培养项目

为解决白俄罗斯中文教学发展中的师资不足问题，自2018年开始，白大孔院开始采取集中面授与远程函授相结合的（两年制）本土汉语教师培养项目，为白俄罗斯培养中小学汉语教师。本土教师班的学员全部来自白俄罗斯教育部从白俄罗斯大中小学选拔的优秀外语教师。学员每年9月入学，经过两年的汉语教师系列课程培训，通过白俄罗斯共和国的国家考试及中国的HSK四级考试后，可以获得白俄罗斯国立大学"外语教师（中文）"专业毕业证书。本土教师班的培训课程包括五大板块：人文和社会经济课程、专业通识类课程、汉语教学专业课程、实习（包括到中国实习）和专项教学实践。截至2023年6月，共有65名白大孔院培养的本土中小学汉语教师获得"外语教师（中文）"本科学位，投身汉语教学工作。2024年9月迎来第六届本土汉语教师，报名人数增至98人，最终从中选出40名优秀本土教师加入白大孔院本土教师班。图5-4为2024年元宵晚会本土教师班学员用汉语演唱情景歌曲《夜空中最亮的星》。

（3）汉语教学专业硕士培养项目

随着白俄罗斯学生对中文学习热情的高涨，对中文专业高学历的需求，白大孔院于2022年9月开设"教育机构汉语教育方法"（一年制）硕士专业，为的是培养可以任教于白俄罗斯各大学机构的汉语老师，扩大汉语教师队伍，提升专业能力。硕士班每门课程都由教学及授课经验丰富的老师担任主讲，具体包括语言学和外语教学方法论、汉语教学设计与方法、中文教学的文化能力、教学活动中的信息技术、汉语文化交流、文献阅读、汉语教材

图 5-4　2024 年元宵晚会本土教师班学员用汉语
演唱情景歌曲《夜空中最亮的星》

资料来源：白俄罗斯国立大学共和国汉学孔子学院公众号。

设计、修辞学、跨文化交际、教育实习等。学生在完成这些课程的同时需要撰写一篇 60~70 页的关于汉语教学研究的专业论文。截至 2024 年已经招收了三届汉教专业硕士班，共 16 名学生，已有 9 名学生获得硕士学位。

（4）白大孔院儿童兴趣班/社会成人班

白大孔院兴趣班面向儿童和成人招生，学龄儿童 7 岁以上就可以报名，按照春季、秋季、暑期、不同年龄和水平开班。2023 年全年教授学生 800多名，2024 年秋季学期有 420~430 名学生开课，比上年的 370 多名学生有明显增长。兴趣班的各类课程分别有零基础、初级、中级、高级班，还有针对汉语作为外语的大学生汉语学分课，针对成人商务工作人员的汉语进阶班，针对有一定汉语基础的中小学生汉语课外强化班。学生来自明斯克中小学、大学、中白工业园的工作人员以及社会各界人士，年龄跨度从 7 岁到60 多岁不等。白大孔院的兴趣班承担了对中国文化感兴趣的汉语学习者和业余爱好者的大部分教学工作，也起到了推广中文的重要作用。

自成立以来，白大孔院积极参与中文推广工作，组织或承办各种大型活动及会议数不胜数。每年白大孔院都举行庆国庆、庆中秋的文艺晚会，元宵节大型文艺汇演，白俄青年汉学家研讨会已经举办了七届，硬笔书法大赛、组织"国际中文日"活动、组织学生参加"汉语桥"比赛、已经举办五届本土中小学"汉语大师"中文教学友谊赛、七届白俄罗斯共和国大学生奥林匹克中文竞赛、承办2023年第四届"汉语桥"世界小学生中文比赛白俄罗斯赛区决赛、组织"言语之镜"汉语文学翻译竞赛、2023年受白俄罗斯国家艺术博物馆之邀举办系列"中国文化公开课"（4次公开课）、组织HSK考试、组织CATTI考试、组织中文教学研讨会、参与两届"茶和天下·雅集"活动、组织孔子学院日活动、接受白俄电视参访等。

近两年白大孔院及师生获奖荣誉有许多。比如，2023年汉语桥比赛中获第22届大学生组三等奖、第16届中学生组三等奖、第四届小学生组三等奖、第17届中学生组二等奖，2024年获得第23届大学生组优秀奖；2023年，其2名学生获"大使奖学金"；4名获"2023年白俄罗斯优秀汉语教师称号"；2家下设孔院、1家下设教学点获得"汉语教学工作示范学校"称号。在奥林匹克中文竞赛项目上：2022年获第五届一等奖（白大孔院教师），2024年获第七届一等奖（本土教师班学员）；其HSK考点获2023年度优秀考点荣誉；2023年，其3名教师获评优秀国际中文教学志愿者，另外3名教师在中文教师研讨会上分别获得一、二、三等奖。

2. 明斯克国立语言大学孔子学院

2011年9月18日，当时正在白俄罗斯进行国事访问的吴邦国委员长专程赴明斯克国立语言大学为明斯克国立语言大学孔子学院揭牌。中华人民共和国驻白俄罗斯共和国大使馆，时任国家汉办主任、孔子学院总部总干事许琳，时任白俄罗斯教育部部长马斯科维奇·谢尔盖·阿列克山德罗维奇等参加了揭牌仪式。孔院中方合作院校是中国南京东南大学，白方合作院校是白俄罗斯明斯克国立语言大学。

目前明斯克国立语言大学孔子学院共有20名中方人员，其中中方院长1名、公派教师1名、公派志愿者2名、海外志愿者16名。孔院本部共有5名中文教师，其他教师均被派往孔院下属各个教学点。白方人员共有3名，其中白方院长 1 名、工作人员 2 名。

2012 年 2 月，明斯克国立语言大学孔子学院首次开设 2 个中文班。2016 年 5 月，在明斯克国立语言大学孔子学院的帮助下，格罗德诺第一中学开设孔子课堂。同年 12 月，莫吉廖夫第三中学也开设了孔子课堂。近年来在明斯克国立语言大学孔子学院全体工作人员的努力下，下属教学点数量逐年增加。截至 2024 年 6 月，共有 24 家合作伙伴，其中包括格罗德诺第一中学孔子课堂、莫吉廖夫第三中学孔子课堂、明斯克州教育发展研究院、明斯克第 182 中学、明斯克第 108 中学、明斯克第 10 中学、明斯克"灯塔"继续教育中心、巴拉诺维奇第七中学、鲍里索夫第三中学、鲍里索夫第 25 中学、莫洛杰奇诺第六中学、莫洛杰奇诺第 10 中学、斯莫列维奇第二中学、索利戈尔斯克第五中学、瓦罗任第一中学、新卢科姆第二中学等。

自成立以来，明斯克国立语言大学孔子学院就一直致力于在白俄罗斯共和国推广中国语言和文化，为增进白俄罗斯和中国人民之间的友谊和相互了解做出贡献。2022 年孔院在课程建设方面进行了改革，除了原有的《中文会话》《HSK 培训》课程，新增加了《商务汉语》《旅游汉语》《中国文化》《中国书法》《现代汉语》《孔子学院赴华研修培训》等精品课程。此外，在明斯克国立语言大学孔子学院中国文化中心定期举办"中文角"系列实践课程，比如"学唱中文歌""学画中国画""学唐诗""国与家""学太极拳""学写汉字"等。

2015 年 2 月，位于明斯克捷尔任斯基大街 97 号大学城 4 号宿舍的明斯克国立语言大学孔子学院中国文化中心正式揭牌。孔院文化中心为所有对中国文化感兴趣的人组织中国语言文化大师班活动，包括"五子棋和象棋""剪纸折纸""编中国结""学习绕口令""中国舞蹈""武术太极拳"等。2024 年在文化中心基础上成立挂牌了"中白有效跨文化交流资源中心"。

在举办文化活动方面，明斯克国立语言大学孔子学院分别与大使馆、兄弟孔院以及下属教学点合作，并不断开展以传播中国传统文化为目的的各类大小活动：每年举办春节庆祝活动、孔子学院周年庆典、"诗歌散文中的中国"汉语语言类竞赛、"传奇中国"中国文化汇演比赛、"我眼中的中国"

绘画比赛、"中国龙年"主题绘画比赛等。孔院促成明斯克国立语言大学与中白工业园签署校企合作协议。孔院积极组织参加"茶和天下"、大师班活动、"仓颉杯全球汉字大赛"、"国际母语日"活动、"白俄罗斯欢乐春节"大师班活动、"中国大使奖学金"颁奖典礼、白俄罗斯"华侨杯"乒乓球比赛、导游大赛、明斯克城市日活动、"白俄罗斯国家馆"主播实习培训项目等。

2012年以来，明斯克国立语言大学孔子学院连续多年承办"汉语桥"世界大学生中文比赛白俄罗斯赛区选拔赛。2022年6月，第21届"汉语桥"世界大学生中文比赛大学生组冠军"云舒"获得"汉语桥"全球总决赛欧洲总冠军；2023年6月，来自明斯克国立语言大学中文系的丽娅，在孔院中文教师指导下获得了第22届"汉语桥"世界大学生中文比赛白俄罗斯赛区选拔赛大学生组一等奖；2024年5月，孔院因承办"汉语桥"大学生中文比赛白俄罗斯赛区总决赛及颁奖典礼，被中国驻白俄罗斯大使馆授予"优秀组织奖"；2024年6月7日，明斯克国立语言大学成功承办2024年"汉语桥"世界大学生中文比赛白俄罗斯赛区选拔赛决赛及大中小学生白俄罗斯赛区颁奖典礼。

近三年，明斯克国立语言大学孔子学院还连续承办各种翻译大赛，包括：2022年5月，明斯克国立语言大学孔子学院联合东南大学外国语学院共同举办了"中白文化翻译大赛"；2023年4月21日，明斯克国立语言大学孔子学院与语言大学中文系共同举办了白俄罗斯大学生翻译；2024年4月5~25日，明斯克国立语言大学孔子学院联合中文系成功举办"中白翻译大赛：用专业的方式聆听与言说"，大赛新增了"交替传译""同声传译"。图5-5为2024年12月13日明斯克国立语言大学孔子学院举办第四届"传奇中国"中国文化汇演比赛颁奖典礼。

除了文化活动，为了加深中白两国之间的教育交流，孔院多次联合承办教育论坛。2018年11月1日，明斯克国立语言大学孔子学院和东南大学成功举办"中白医学论坛"，来自中国和白俄罗斯的中西医专家学者等近百人参加论坛；2022年11月29日，明斯克国立语言大学孔子学院承办由中国

图 5-5　2024 年 12 月 13 日明斯克国立语言大学孔子学院举办
第四届"传奇中国"中国文化汇演比赛颁奖典礼

资料来源：明斯克国立语言大学孔子学院。

驻白俄罗斯大使馆主办的首届"白俄罗斯中文教学研讨会"。在白孔子学院院长、中文教师等 80 余人出席了研讨会；2024 年 3 月 5～6 日，明斯克国立语言大学孔子学院、东南大学、明斯克国立语言大学联合举办了首届"中白妇女论坛：科学与教育发展中的现代女性"，吸引了来自中国、白俄罗斯、俄罗斯等国的专家学者及女性代表等 300 余人参加。明斯克国立语言大学孔子学院"中白教育论坛"，至今已举办五次；2024 年 9 月 24 日，明斯克国立语言大学孔子学院成功举办"第五届中白教育论坛：一带一路"，来自白俄罗斯、俄罗斯、中国、希腊等国的专家学者及中文教师等百余人参加论坛。10 月 24 日，明斯克国立语言大学孔子学院（中白跨文化交流资源中心）与白俄罗斯华侨华人协会、中国国际医药卫生有限公司白俄罗斯代表处、浙江中医药大学附属第三医院联合举办"走进中医"主题活动。

自 2011 年成立以来，在中白双方院长的带领下、全体工作人员的共同努力下，孔院在各方面的工作都取得了良好的成果。不断壮大的师资团队力量为中文学习者提供帮助。时至今日，已有 340 多名学生在明斯克国立语言大学孔子学院的奖学金下前往中国高校留学。2024 年申请奖学金人数激增，共有 90 人申请奖学金留学。多元化的文化活动为中国语言和传统文化在白俄罗斯的传播贡献了一分力量。明斯克国立语言大学孔子学院历年来都会组织学生前往东南大学（南京）参加孔院夏令营。2024 年是疫情之后首次恢复夏令营项目，夏令营包括中文培训及文旅活动。

3. 白俄罗斯国立技术大学科技孔子学院

由白俄罗斯国立技术大学创办的科技孔子学院是世界上第一所，也是唯一一所科技型孔子学院。白俄罗斯国立技术大学科技孔子学院于 2014 年 10 月 21 日揭牌，这是目前世界上唯一一所科技孔子学院，也是中白两国在教育、科学和创新领域加强合作的重要标志。它的成立旨在解决白俄罗斯在同中国合作时普遍缺乏掌握汉语的科技人才这一急迫问题。白俄罗斯国立技术大学科技孔子学院不仅在白俄罗斯积极弘扬孔子的基本原则和重要理念，提倡"仁义礼智信""与人为善""和而不同"等精神道德价值观，更成为一条连接中白两国人民的"知识高速路"和连接中国梦与世界各国人民共同愿望的纽带。在两国高校、使馆的帮助支持和师生的共同努力下，白俄罗斯国立技术大学科技孔子学院为在白俄罗斯传播汉语和中国文化以及加强中白两国人民友谊做出了积极贡献，令白俄罗斯国立技术大学深感自豪。

白俄罗斯国立技术大学科技孔子学院成立于 2014 年，由中国东北大学与白俄罗斯国立技术大学共同创办，是世界首所"科技型孔子学院"。2017 年，孔院荣获"全球先进孔子学院"称号。自成立以来，科技孔子学院聚焦汉语教育中心任务，突出科技汉语教学特色，致力于中国文化传播事业，为促进中白两国文化交流和合作做出了贡献。目前，学院下设教学点 14 个，累计注册学员 3700 余名。孔院积极服务"一带一路"倡议，与中白巨石工业园建立了稳定的合作关系，常年为工业园居民企业员工提供汉语培训，为园区建设输送了一批中俄双语科技人才。孔院始终坚持"传播文化""传递友谊""突出科技特色""促进交流合作"的宗旨，先后主办、合办、协办了各类文化展出、专家讲座、夏令营以及专项科技比赛等活动 240 多场，活动参与人数累计达 4 万余人次。中白青年科研创新论坛、"一带一路"国际科技翻译大赛、中白青少年机器人比赛暨明斯克国际机器人公开赛等年度赛事受到相关部门和媒体的高度关注；常年与白俄罗斯"小野牛"国家儿童疗养中心合办"中国文化体验夏令营"，深受白俄罗斯青少年的喜爱，已经成为白俄罗斯具有较强影响力的中国文化主题夏令营；定期组织学员赴中国开展科技夏令营活动；常年举办 HSK 汉语水平考试，为白俄罗斯青少年学习汉语、了解中国提供了便利条件。2022 年，孔院组织了第 15 届"汉语桥"世界中学生中文比赛白俄罗斯赛区选拔赛，受到各方好评。孔院还编辑出版了《HSK5000 词》中白俄三语词典、《汉英俄科技术语词典》，填补了 HSK 中白俄三语科技类词典的空白。

白俄罗斯国立技术大学科技孔子学院的主要品牌项目有以下三个。

一是中白青年"新地平线"科研创新论坛。

中白青年"新地平线"科研创新论坛是科技孔子学院的年度科技赛事之一，每年 10~11 月举行。自 2014 年举办首届活动以来，吸引了中白两国众多大学生和青年学者参加。举办中白青年"新地平线"科研创新论坛的目的是为中白两国大学生与青年学者搭建交流平台，助力中白两国的科技交流与合作。论坛由白俄罗斯国立技术大学科技孔子学院与国立技术大学"巴里杰赫尼克"科技园共同发起，得到了中国驻白俄罗斯大使馆科技处、白俄罗斯国家科学技术委员会、中白巨石工业园的大力支持和帮助。时任中国驻白俄罗斯大使馆大使谢小用先生、白俄罗斯国家科学技术委员会主席舒米林先生多次出席论坛开（闭）幕式，对论坛的举办给予了指导和较高评价，指出论坛的举办为中白两国青年的科技交流创造了良好条件。

二是中白青年科研和创新项目大赛。

中白青年科研和创新项目大赛是学院的重要科技类比赛之一，系"新地平线"中白青年科研创新论坛的姊妹赛事。后者侧重理论及思想的碰撞，以论文和论坛的形式，为中白两国青年提供交流的平台。前者则强调技术的实用性，以项目和竞赛的方式，为科研成果的项目转化提供助力。首届中白青年科技创新项目大赛于 2020 年 5 月举行，吸引了众多中白大学生和青年学者参与。中白青年科技创新项目大赛旨在推动中白两国大学生及青年学者之间的合作与交流，为中白青年加深了解提供条件。赛事由国立技术大学"巴里杰赫尼克"科技园与科技孔子学院联合举办，得到了中国驻白俄罗斯大使馆科技处和白俄罗斯国家科学技术委员会的大力支持。时任中国驻白俄罗斯大使馆大使谢小用先生、白俄罗斯国家科学技术委员会主席舒米林先生多次出席大赛开幕式，对该项赛事给予了较高评价。

三是"一带一路"国际科技翻译大赛。

"一带一路"国际科技翻译大赛系孔院的年度科技赛事之一，每年 11 月底举办。自 2015 年组织首届比赛以来，吸引了中白两国大学生 600 余人次参加，对科技翻译人才的培养起到了良好的促进作用。举办"一带一路"国际科技翻译大赛的目的是提高参赛选手汉俄、俄汉科技翻译水平，激发参赛选手对科技领域翻译的兴趣，为青年翻译人才和企业之间搭建交流平台，为中白两国在科技、文化教育领域的合作贡献力量。大赛由科技孔子学院与白俄罗斯著名口译专家玛什卡·阿纳斯达霞发起，中白巨石工业园协办，白俄罗斯华为技术有限公司赞助，得到了中国驻白俄罗斯大使馆教育处的大力支持。大赛分为学生组和专业组两个组别进行，设置了术语闪译、文本视译、音频听译、同声传译以及商务谈判模拟等环节，提高了大赛的趣味性和实战氛围。中白两国选手同台竞技，切磋交流，既能增进彼此间感情，也可获得赴中白工业园居民企业实习的机会。国际科技翻译大赛已经成为白俄罗斯具有较强影响力的赛事，具有"中白合办""院企合办""多年连办""公正规范"的特点，科技孔子学院在加强翻译人才培养方面做着非常有意义的尝试。

4. 白俄罗斯戈梅利国立大学孔子学院

白俄罗斯第四所孔子学院 2017 年在南部城市戈梅利成立，这是在首都明斯克之外设立的首所孔子学院。这所孔子学院由戈梅利国立大学与南京理工大学合办。戈梅利国立大学校长哈霍莫夫在成立仪式上致辞说，新成立的孔子学院主要从事汉语教学和汉学人才培养，将有助于促进白中两国友好关系的发展。为孔子学院揭牌的南京理工大学校长付梦印说，文化是民心相通的桥梁，语言是民众交往的纽带。在中白建交 25 周年之际，中白双方共建新的孔子学院，深化了中白两国相互信任、合作共赢的全面战略伙伴关系。

目前，白俄罗斯戈梅利国立大学孔子学院的中方工作人员有中方院长 1 人、海外志愿者 8 人、资助外派志愿者 1 人。外方工作人员主要由主管科研工作的副校长牵头协调，配备外方院长 1 人、行政秘书 1 人、会计 1 人、信息化建设人员 1 人。除行政秘书外均为兼职人员。

2023 年上半年孔院本部共招收学员 160 名，分为 28 个班，其中初学班学员 86 人、2 年级班 43 人、3 年级班 28 人、单人辅导班 3 人；下半年孔院本部共招收 205 名学员，分为 22 个班，其中初学班学员 97 人、2 年级班 68 人、3 年级班 22 人、4 年级班 18 人、单人辅导班 8 人。孔院还和白俄罗斯石油公司合作设立了两个商务汉语班，共计 14 人。下属的 4 个教学点，有学员 206 名，分为 19 个必修班、17 个兴趣班。教材采用的是《新实用汉语课本》《新实用汉语综合练习册》《HSK 词汇精讲精练》《HSK 模拟试卷及解析》。必修班采用白俄罗斯统编教材，兴趣班教材采用的是《快乐汉语》和《新实用汉语课本》等。

2023 年戈梅利国立大学孔子学院招收学员数量达到了前所未有的规模。针对学生数量众多、师资力量匮乏等问题，学院首先根据语合中心对教师志愿者的基本要求，在当地留学生中开展了动员、招募、筛选教师志愿者工作。然后对候选人进行考前辅导、对考试合格者进行岗前培训，从而保证了教学计划得以顺利实施。学院取得了以下成绩。2023 年 3 月戈梅利大学孔子学院学生维拉·古迪姆（Вера Гудим）在第 2 届第 10 中学的外语竞赛中获得第一名。2023 年 5 月戈梅利大学孔子学院学生维拉·古迪姆在戈梅利州奥林匹克竞赛中（4~9 年级）获得第一名。2023 年 5 月戈梅利国立大学孔子学院学生安东妮娜·埃尔马科娃（Антонина Ермакова）在戈梅利州奥林匹克竞赛中（4~9 年级）获得第三名。2023 年 5 月在第 16

届中学生"汉语桥"中文比赛白俄赛区选拔赛中，戈梅利国立大学孔子学院学生玛丽娅·雷卡奇（Мария Лыгач）获全白俄中学生（14～17 岁）组第二名。戈梅利国立大学孔子学院学生奥莉娅·斯塔森科（Ольга Стаценко）获全白俄小学生（10～14 岁）组第二名。戈梅利国立大学孔子学院学生维拉·古迪姆获优秀奖。2023 年 8 月，戈梅利国立大学孔子学院举办海外志愿者招聘会及"海外志愿者候选人考前辅导"班。2023 年 10 月 14 日起，戈梅利国立大学孔子学院组织全体 9 名中文志愿者教师参加由语合中心组织的岗中培训。2023 年 10 月 31 日，戈梅利国立大学孔子学院受邀 2023 年白俄罗斯中文教师研讨会，戈梅利国立大学孔子学院报送的《"不"和"没有"对外汉语教学对比分析》（牛文娟）和《对外汉语教学中汉字书写偏误简探》（邓智臣）分别获得三等奖和优秀奖。2023 年 11 月 30 日，戈梅利国立大学孔子学院学生奥莉娅·斯塔森科获得中国大使奖学金，戈梅利国立大学俄语系中文教师及第 10 中学中文教师获得中国大使奖学金优秀本土教师奖。

学校的文化交流推广情况如下。2023 年 1 月 27 日孔子学院组织在中国春节期间举行"庆祝春节"文化活动。2023 年 2 月 18 日孔子学院冠名武术套路公开赛。2023 年 4 月 18 日孔子学院在戈梅利州苏维埃社区服务中心为社会的老年人举办了国画体验课。2023 年 4 月 21 日和 5 月 8 日孔子学院与戈梅利州立图书馆合作举办了"遇见中国"与"读书日"等活动。2023 年 9 月 17 日孔子学院受邀参加戈梅利州"城市日"活动，孔子学院展示的中华文化体验活动引来了不少当地人驻足参观与亲身体验，提供了近距离了解中国文化的平台。2023 年 9 月 27 日与教学点第 10 中学联合庆祝"世界孔子学院日"。孔子学院教师讲中国神话故事、古筝演奏等内容获得了广泛的喜爱和好评。2023 年 11 月 25 日孔子学院举办年度武术总决赛，参赛选手为当年在各类公开赛中获得名次的选手，共计 10 名选手及 15 个团队参加了本次比赛。

秉持建设"科技特色"孔子学院的精神，组织教师志愿者参加多种形式的科研研讨会。主要的科技交流活动如下。2023 年 9 月 8 日，戈梅利国立大学孔子学院与南京理工大学联合举办"对话、互鉴、共赢"国际学术研讨会。2023 年 10 月 18 日，戈梅利国立大学孔子学院与戈梅利国立大学联合举办"现代语言理论与外语教学方法"国际学术研讨会。2023 年 11 月 16 日戈梅利国立大学孔子学院举办"东斯拉夫语境下的汉语和中国文化"国际科学与实践会议，邀请了专家学者 48 人以线上和线下的形式参加。

在汉语教学方面，孔院针对不同的人群需求、年龄、汉语水平等因素，分级分班进行教学。既包括面向大学生的第二外语课程，面向 HSK 等级考试的强化课程及辅导课程，也包括下设教学点主要面向中小学生们的汉语兴趣课程。2024 年共开设 15 个教学班，2 个线上班，注册学生人数 120 余人。同时孔院也于 2024 年 5 月为白俄罗斯大型企业白俄罗斯国家石油公司开设了商务汉语班。此次开设的"中文+商务"汉语班也是孔院的首次探索，虽然在授课方面存在很多的不足，但我们的中文教师通过慕课线上课程及语合中心培训等方式，不断改进教学方法，提高教学质量，争取为当地企业带来更好更丰富的中文培训课程。

在文化活动开展方面，戈梅利国立大学孔子学院不仅与戈梅利国立大学外语系、语言系等院系合作举办了多次各类文化活动，同时也与戈梅利州立图书馆、戈梅利武术协会、苏维埃社区服务中心等当地企业或机构保持着良好的合作关系。先后举办了庆元宵活动、孔院武术锦标赛、国画体验展、中国民乐音乐会、中国儿童图书展等一系列文化活动，这些活动加强了民间文化交流，不断向白俄罗斯人民介绍中国文化，灌输中国情怀，扩大汉语文化在白俄罗斯人民中的影响，促进双边的人文交流，促进两国间的民意互信。

5. 白俄罗斯国立体育大学孔子学院

白俄罗斯国立体育大学孔子学院是白俄罗斯国立体育大学和中国广东省湛江市岭南师范学院合作创办的孔子学院，学院取得了丰硕成果。白俄罗斯国立体育大学孔子学院是全球第一家体育类孔子学院，是乘着"一带一路"东风创办的特色孔子学院。孔院在高举传播中华文化旗帜的同时，以体育文化和科研的国际交流合作为发展方向、以传播中华武术为发展特色，逐步推进孔院各项事业发展。岭南师范学院与白俄罗斯国立体育大学的合作始于2013年，两校秉持"相互信任、平等相待、友好往来"的原则，不断推动双方的国际教育合作。2015年11月，在中国孔子学院总部、白俄罗斯共和国教育部、体育和旅游部的支持下，在中国岭南师范学院与白俄罗斯国立体育大学的共同努力下，白俄罗斯国立体育大学孔子课堂正式成立。2018年，孔子课堂被国家汉办评为"先进孔子课堂"。2019年，根据白俄罗斯国立体育大学孔子课堂工作成效评估和发展前景评估结果，经国家汉办批准，白俄罗斯国立体育大学孔子课堂升格为孔子学院。

白俄罗斯国立体育大学孔子学院的成立，标志着中白两国在体育、运动和旅游领域的友好关系更进一步，也是对白在继承世界体育优良传统、发展奥林匹克运动方面所做贡献以及在体育教育领域所取得成就的认可，2020年学校正式升格为孔子学院。五年来，在两国教育部门的关心和指导下，岭南师范学院与白俄罗斯国立体育大学精诚合作、共同努力，白俄罗斯国立体育大学孔子学院茁壮成长，办学卓有成效。白俄罗斯体育和旅游部给予了大力支持并进一步促进白俄罗斯国立体育大学孔子学院的发展。在两国各部门的大力支持以及孔子学院中外方院长及相关工作人员的辛勤付出和努力下，白俄罗斯国立体育大学孔子学院规模日趋壮大，影响力持续增强。

白俄罗斯国立体育大学孔子学院的汉语教师团队包括了外派教师2名，外派志愿者教师4名，海外志愿者教师6名，共12名。学校有三大教学方向：汉语、武术、茶艺。汉语课程包括成人汉语、少儿汉语、商务汉语教学、HSK专项辅导冲刺等常规汉语课程，以及根据学员的学习目标开设的特色辅导课程。武术课程包括青少年武术课程和成年人太极拳、太极剑、太极扇、健身气功五禽戏、易筋经、八段锦等传统保健类武术课程，还包括长拳、器械类等竞技类武术课程。武术是孔院的特色专项课程，为保证教学质量，孔院每年聘请国内武术健将、武术一级运动员以及武术专业运动员为代课教练。2016年至今，由岭南师范学院派出武术教师1名，海外志愿者7

名。2016~2024 年，共有 4300 余人在白俄罗斯国立体育大学孔子学院学习汉语、武术和其他文化课程，其中汉语 2963 人次、武术 987 人次、其他文化课程 350 人次。孔院下设明斯克第 24 中学、第 180 中学、第 36 中学、白俄罗斯国家科学院经济所、哲学所和白俄罗斯共和国奥林匹克网球训练中心。2024 年 9 月在明斯克第 16 中学开设了第七个教学点。白俄罗斯国立体育大学孔子学院 2024 年一共有 14 个汉语教学班级、学生 741 名，武术教学班级 6 个、学生 124 名。武术教学点（俱乐部）1 个、学生 36 名。

白俄罗斯国立体育大学孔子学院是欧洲地区拥有专业茶艺室的孔子学院之一，孔院还开设茶艺和茶文化课程，茶艺教室见图 5-6。此外，还设有书法、剪纸等各类文化体验课程。该茶室曾接待了白俄罗斯及俄罗斯国家奥委会主席，以及在白俄罗斯国立体育大学开展体育交流的白俄罗斯及俄罗斯负责重点项目的主席，向他们展示中国茶艺，传播中国文化。

图 5-6　白俄罗斯国立体育大学孔子学院的茶艺教室

文化活动作为白俄罗斯国立体育大学孔子学院的工作重点之一。2015~2024 年，孔院已经举办了各规模活动百余场，受众达到十余万人次。其中，"欧洲孔子学院杯中华武术公开赛"已成为白俄罗斯国立体育大学孔子学院覆盖欧洲的大型品牌武术文化活动，"白俄罗斯世界太极拳日"、"舞龙舞狮白俄巡演"、"中华传统体育文化展"、"孔子学院冬令营"和"赴华夏令营"也已成为孔院每年的特色常规活动。2022 年 10 月，学院充分结合 85 周年校庆组织的 2 场研讨会活动受到白俄罗斯国立体育大学校长的高度赞扬（中白体育专家的研讨会及校本部的武术研讨会）。第一场研讨会在线上举行，会议邀请中白高校专家以"中白交流与融合：武术高质量发展"为题进行交流和探讨；第二场在校本部体育馆举行，以"传播武术及文化"为主题做大型演讲和技术展示。2018~2024 年受中国驻白俄罗斯共和国大使馆教育处委托，白俄罗斯国立体育大学孔子学院曾六次成为白俄罗斯中学生"汉语桥"比赛的承办方。

2024 年上半年，学院以文化活动为重点，共组织了 16 场文化活动，其中包括第 17 届"汉语桥"世界中学生中文比赛白俄罗斯赛区决赛、2024"茶和天下·雅集"系列活动、"茶和天下"系列活动中国茶文化讲座、中国文化进校园系列活动，这四项活动参与的白俄罗斯师生达到了 3000 余人次，反响热烈。校本部的"世界太极拳日及武术大师课"活动也同样吸引了 200 余名白俄罗斯武术爱好者参加。此外，学院还积极参加大使馆、基金会及语合中心号召的传播中国文化的活动，在有 68 个国家的 119 所孔院参加、近 500 个作品参赛的第二届"最·孔院"全球短视频活动中该孔院获得了优秀组织奖，入围作品获得了三等奖、优秀奖和最具人气作品，共四项奖项。学院汉语学员积极参加"汉语桥"比赛，在 2024 年"汉语桥"世界大学生中文比赛白俄罗斯赛区取得了冠军，又荣获"汉语桥"世界大学生中文比赛的二等奖。武术学员在 2024 年举办的白俄全国武术公开赛中包揽了太极拳项目和长拳项目的金银铜牌。

在国际交流方面，白俄罗斯体育和旅游部评价白俄罗斯国立体育大学孔子学院为推进中白文化交流与合作方面最具潜力的单位之一。白俄罗斯国立体育大学孔子学院为中白高校学术交流搭建桥梁。白俄罗斯国立体育大学是白俄罗斯体育和旅游部直属单位。近年来，孔院接待多所国内赶赴白俄罗斯进行调研考察的高校代表团，帮助中白两国数十所高校建立校际联系，促成了多项国际教育合作。如白俄罗斯国家科学院与中国岭南师范学院成功开办了"中白'一带一路'哲学研究中心";白俄罗斯国立体育大学与中国河南师范大学的"体育教育"联合培养项目已得到中国白教育部批准且在顺利进行中;白俄罗斯国立体育大学成功加入广州国际友城大学联盟等。

白俄罗斯国立体育大学孔子学院是全球唯一一所体育类孔子学院。自成立以来它始终秉持推动中白两国合作共赢的发展理念,在"一带一路"新思想、新目标、新特色框架内,以推广中文及体育、旅游教育为发展方向、以传播中华武术为发展特色,建立了孔子学院特有的合作模式,借助多方力量积极推动孔子学院事业的发展,为中白教育交流做出了积极贡献。①

在白俄罗斯国立体育大学设立孔子学院对中白两国的体育和旅游领域合作发展有着重要意义。白俄罗斯国立体育大学孔子学院不断拓展工作发展领域,逐步转变为现代化的文化、教育及科研机构,成为高校与社会各界交流、合作的平台。白俄罗斯国立体育大学将依托孔子学院这一不可替代的资源平台,继续同中方合作伙伴开展全方位的学术及教学交流活动。另外,白俄罗斯国立体育大学与数十所中国高等院校签署协议并建立了良好合作关系。

6. 布列斯特国立普希金大学孔子学院

布列斯特国立普希金大学孔子学院(以下简称"布列斯特孔院"),位于白俄罗斯布列斯特市,为安徽大学与白俄罗斯布列斯特国立普希金大学共建。2019 年 5 月 24 日,原孔子学院总部、安徽大学与布列斯特国立普希金大学共同签署三方合作协议,布列斯特孔院正式成立。2020 年 3 月 16 日,首批汉语班开课,布列斯特孔院正式开始运营,并于 10 月 30 日隆重揭牌。布列斯特孔院总建筑面积共有 423 平方米,设有教师工作室、图书室、多功

---

① 外交部. 驻白俄罗斯大使谢小用在线出席白国立体育大学孔子学院五周年庆典暨揭牌仪式 [EB/OL]. (2021−03−31) [2024−09−08]. https://baike.baidu.com/reference/56674518/ 533aYdO6cr3_z3kATPXay_qmNC−VN9ylurDWVLtzzqIP0XOpRovyFI4_8MU8sPBoAkXIvtd1ZdRaj P−oXiRD6fQQcu8qGOJ6yRn5VDDCzbj5u9g5nNRNoIpdG_VT2q0.

能报告厅、标准语音室及具有数字化功能的汉语教室。自创办以来，布列斯特孔院开设了多门汉语教学课程，学员覆盖大、中、小学和社会成人多个层次。布列斯特孔院已与当地几所中学签署了合作开展汉语教学及文化交流活动等的协议。

学院有特色及重点项目两个。一个是孔子学院开放日。孔子学院开放日是布列斯特孔院的品牌活动之一。布列斯特孔院在每年的 9 月 28 日孔子学院日即孔子诞辰这一天举办一系列庆祝及展示体验活动。孔子学院的教师和学员走出校园，向广大市民展示办学成果，同时邀请市民共同参与孔子学院的"传统文化大师班"，一起体验中国文化。大师班的内容包括茶艺、书法、剪纸与中国结。此外，布列斯特孔院以"跟我们一起漫步探寻，听我们用汉语说家乡的故事"为主题，邀请学员及广大市民用汉语介绍自己的家乡布列斯特。另一个是"国际中文日"庆祝活动。"国际中文日"庆祝活动是布列斯特孔院的品牌活动之一。活动由布列斯特孔院与布列斯特大学及孔院教学点布列斯特市第 28 中学联合举办。活动以"中文：创造无限机遇""中文：共筑美好未来"等为主题，开展线下庆祝活动。通过举办丰富多彩的中国传统及现代的文化体验活动，布列斯特孔院吸引了越来越多的当地市民及师生加入全球中文大家庭。通过这一品牌活动的举办，布列斯特孔院已成为布列斯特市的一张中国文化名片。

7. 莫吉廖夫国立大学孔子学院

2021 年，我国黑龙江省黑河学院与白俄罗斯莫吉廖夫国立大学达成合作意向。2023 年，黑河学院加入中国-白俄罗斯大学联盟，开创全方位国际交流合作新局面。2024 年 9 月，黑河学院与白俄罗斯莫吉廖夫国立大学共建的孔子学院获得授铭牌，第七所孔子学院在白俄罗斯建立。

尽管孔子学院在白俄罗斯取得了显著的成绩，但仍面临着一些挑战。首先，如何进一步提高教学质量，满足当地民众对汉语学习的需求，是孔子学院需要持续关注的问题。其次，随着孔子学院的不断发展，如何保持与当地政府、教育机构的良好合作关系，争取更多的支持和资源，也是一项重要任务。未来孔子学院在白俄罗斯的发展趋势将更加多元化和深入化。一方面，孔子学院将继续拓展教学领域，丰富教学内容和形式，以满足不同年龄段、不同需求的学生。另一方面，孔子学院还将加强与当地文化机构的合作，共同推动中白文化交流的不断深化。

同时，随着"一带一路"倡议的深入推进，孔子学院在白俄罗斯的地位和作用将更加凸显。作为连接中白两国文化交流的桥梁和纽带，孔子学院将在促进中白友谊、推动两国关系发展中发挥更加重要的作用。孔子学院在白俄罗斯的主要活动、大事和成绩充分体现了其在推动中白文化交流方面的积极贡献。通过汉语教学、文化交流和教师培训等方面的努力，孔子学院不仅为当地民众提供了学习汉语和了解中国文化的机会，也为两国教育领域的合作和文化交流搭建了新的桥梁。未来，相信孔子学院在白俄罗斯将继续发挥重要作用，为中白两国的友好关系注入新的活力。

另外，在白俄罗斯还有两个独立孔子课堂。一个是维捷布斯克第44中学孔子课堂，于2018年由北京国际汉语研修学院、北京市第八十中学与维捷布斯克第44中学合作设立；另一个是巴拉诺维奇大学孔子课堂，于2021年由西北农林科技大学和白俄罗斯巴拉诺维奇国立大学合作设立。

总的来说，中国与白俄罗斯之间的交流项目丰富多样，涉及教育、科研等多个方面。这些交流项目的开展不仅有助于增进两国的友谊与理解，还为各自的经济发展和社会进步注入了新的动力。中白关系在发展中愈加成熟、坚韧，不断提质升级，跃升至全天候全面战略伙伴关系的高度。两国政治上真诚互信、国际事务中密切协作、经贸上互利共赢、人文上互学互鉴，堪称新型国际关系的典范。

加拿大传播学家马歇尔·麦克卢汉在其1964年出版的《理解媒介：论人体的延伸》一书中提出"媒介是人体的延伸"这一观点。他敏锐地分析了技术与感官延伸的关系。麦克卢汉认为，不同的媒介是人类不同感官和身体功能的延伸。比如，文字和印刷媒介是视觉的延伸，它们使人们能够更清晰、更持久地看到信息；广播是听觉的延伸，极大地拓展了人类听觉的范围和能力；电视是视觉、听觉等多种感官的综合延伸，让人们能够同时接收图像和声音信息。他认为，媒介作为人体的延伸，会改变人们感知世界和认识世界的方式。每一种新媒介的出现都会带来新的感知模式和认知结构。例如，互联网的出现使人们能够快速获取大量信息，人们的视野和思维方式也随之发生变化，更倾向于快速浏览和多任务处理信息。媒介对人体的延伸还会对社会和文化产生深远影响。新的媒介技术会推动社会结构和文化形态的变革。以印刷术为例，它的出现使知识能够更广泛地传播，促进了教育的发展和文化的普及，推动了文艺复兴等重要的社会文化运动，为现代社会的发展奠定了基础。

在此基础上，麦克卢汉强调，媒介本身才是真正有意义的讯息，而不是媒介所传播的内容。一种新媒介的产生和应用，意义在于它所带来的传播方式和社会关系的改变，而不仅仅是其所传递的具体信息。例如，互联网的出现不仅改变了信息传播的速度和范围，还催生了新的社交模式、商业模式和文化现象。麦克卢汉的"媒介是人体的延伸"这一观点从独特的视角揭示了媒介在人类社会发展中的重要作用和深远影响，为人们理解媒介与人类的关系提供了重要的理论依据。

从某种意义上说，基于"媒介是人体的延伸"这一观点，也可以把孔子学院、中国文化中心等机构比作中国文化的延伸。孔子学院等机构在传播中国文化方面发挥着重要作用，它们是中国文化在海外的一种"载体"，就像媒介作为人体延伸去传播信息一样，孔子学院将中国文化的诸多方面，如语言、历史、哲学、艺术等，传播到世界各国。孔子学院让更多外国人能够接触和了解中国文化，拓展和提升了中国文化传播的范围和影响力，从这个角度看，其可被视为中国文化在国际上的一种延伸。与麦克卢汉所说的媒介不同，孔子学院等机构不仅仅是被动地作为传播工具，它们还积极主动地选择和整合中国文化内容进行传播，并且注重与当地文化的结合与互动，促进文化的交流与融合。

与"媒介是人体的延伸"的区别在于，孔子学院等机构作为跨国合作和人文交流的一种载体，它们受到政治、经济、文化等多种因素的制约和影响，其发展过程比媒介更为复杂。同时，它们对国家关系的影响也不是直接和即时的，需要长期的积累和不断的发展。

　　人文交流是中白两国关系发展的重要支柱和力量源泉，为双方务实领域的合作提供了坚实的社会和民意基础。人文合作是中白全天候全面战略伙伴关系的重要方面，两国关系堪称文明对话交流、包容互鉴的典范。中白人文合作的实践充分证明，文明对话、文化交流是各国人民加深理解与信任的重要桥梁，是各国文明博采众长、与时俱进的绝佳渠道。

第六章
中白共建"一带一路"的成果和保障

过去 30 余年，中白两国开拓进取、砥砺前行，走过了一段不平凡的旅程。中白"全天候"朋友、"铁哥们"情谊愈发坚实，不断彰显两国关系的高水平和特殊性。政治互信不断增强，2023 年卢卡申科总统年内两度访华，高层会晤频繁。务实合作成绩斐然，双边贸易额增长也再创新高。共建"一带一路"合作项目稳步推进，巨石中白工业园实现新的发展。人文和地方交流成果丰硕。中白全天候全面战略伙伴关系不断向纵深发展，成为构建新型国际关系的典范。中白新型国际关系典范至少包括以下四个维度内涵。

一是高水平政治互信始终是中白关系的鲜明底色。中白两国尊重并支持各自选择的发展道路和内外政策，在主权独立和领土完整等涉及彼此核心利益的问题上相互坚定支持。双方就双边关系和一系列国际及地区问题保持密切沟通，互信程度日益提升。特别是近年来，在习近平主席和卢卡申科总统的擘画引领下，两国关系按下"加速键"，不断提质升级，跃升至全天候全面战略伙伴关系的高度。

二是全天候国际协作始终是中白关系的突出特征。多年来，中白在联合国、上海合作组织等多边平台开展密切有效协调。中方始终坚定支持白方捍卫国家主权和民族尊严，白方一贯在涉台、涉疆、涉港、涉藏等问题上支持中方立场，率先响应并积极参与中方提出的共建"一带一路"倡议、全球发展倡议、全球安全倡议、全球文明倡议等理念主张。双方坚定维护以联合国为核心的国际体系、以《联合国宪章》宗旨和原则为基础的国际关系基本准则，坚决反对一切形式的霸权主义和强权政治，共同致力于构建新型国际关系，构建人类命运共同体。

三是深层次互利合作始终是中白关系的不竭动力。30余年来，中白双边贸易额提升近139倍。如今，中国稳居白俄罗斯第二大贸易伙伴国地位，白俄罗斯是中国在欧亚地区增长最快的贸易伙伴之一。双方互利合作，以共建"一带一路"为主线，以中白工业园等一大批标志性项目为亮点，深耕机械制造、农业生产、生物技术等传统领域，聚焦数字经济、医药卫生、绿色经济等新兴领域，逐步形成了全方位、宽领域、多层次的合作格局。

四是心相亲人文交流始终是中白关系的社会基础。中白在地理上虽相隔万里，但民心相通却使两国"天涯若比邻"。双方人文和地方合作不断拓展，先后成功举办"旅游年""教育年""地方合作年"等主题年，多次在对方国家举办"文化日""电影周""图片展"等活动。随着中白互免持普通护照人员签证协定正式生效，两国人员往来交流逐年升温，在白中国留学生人数已超过7000人，两国友好省州和友城数量达到40多对。如今，中白民众愈发相知、相近、相亲，两国传统友好日益深入民心。

经过多年的共同努力，可以说，未来中白合作拥有"三维保障体系"：一是实践保障，多年相向而行为未来发展打下良好基础，提供发展潜能，中白开展互利合作将迎来更难得的历史机遇；二是制度保障，指上海合作组织框架下的多项合作协议；三是理念保障，主要指人类命运共同体理念。本章是书稿"总-分-总"的结尾部分，也是对全书"总"的概括。

第一节　"一带一路"背景下中白交流的成效与评估

2013年9月和10月，中国国家主席习近平在出访中亚和东南亚国家期间，先后提出共建"丝绸之路经济带"和"21世纪海上丝绸之路"的倡议，得到国际社会的高度关注。共建"一带一路"顺应世界多极化、经济全球化、文化多样化、社会信息化的潮流，秉持开放的区域合作精神，致力于维护全球自由贸易体系和开放型世界经济。中白高质量共建"一带一路"是其中引人注目的合作伙伴。本书前述各章论述了中国与白俄罗斯友好关系不断发展，多维度多层面合作不断深入，成为高质量共建"一带一路"的合作典范。本节实际是对第三至五章内容的整体分析和评估。

一　"一带一路"倡议的特点和落实成效

"一带一路"倡议顺应和平、发展、合作、共赢的时代潮流，致力于维护多边主义、构建人类命运共同体，对维护持久和平、应对全球挑战、回答时代之问具有重大和深远意义。

（一）"一带一路"倡议的四大特点

一是开放性。"一带一路"倡议国际合作基于但不限于古代丝绸之路的范围，世界各国和国际、地区组织均可参与，让共建成果惠及全球更广泛的区域。中国式现代化是走和平发展道路的现代化，倡导践行开放、融通、互利、共赢的合作观，而推进"一带一路"建设是具体体现。得益于共建"一带一路"，塞尔维亚斯梅代雷沃钢厂重现活力，希腊比雷埃夫斯港吞吐量居地中海港口前列，乌兹别克斯坦白内障患者重获光明，塞内加尔干旱地区村民饮水更安心。这些发展红利让各国人民深刻认识到，要实现发展、改善生活，就必须有和平稳定的内外环境，这样求和平、谋发展就有了更坚实的民意基础。

二是包容性。"一带一路"倡议国际合作倡导文明和谐包容，尊重各国选择的发展道路和模式，旨在促进不同文明之间的对话，追求兼容并蓄、和平共处。"一带一路"倡议由中国提出，为世界共享。"一带一路"倡议不是中国的"一言堂"，而是各国共商、共建、共享的大合唱。共建国家体量有大小、国力有强弱、发展有先后，但都是"一带一路"倡议平等的参与方。正如马来西亚前总理马哈蒂尔所说，"一带一路"倡议与此前所有由发达国家主导的经济协定不同，大国小国都能平起平坐讨论，并从中获益。

三是市场性。"一带一路"倡议国际合作遵循市场规律和国际通行规则，充分发挥市场在资源配置中的决定性作用和各类企业的主体作用，同时发挥好政府的作用。中国推进"一带一路"建设，不会干涉他国内政，不会输出社会制度和发展模式，更不会强加于人；不会重复地缘博弈的老套路，而是开创合作共赢的新模式；不会形成小集团，而将建设和谐共存的大家庭。

四是互利性。"一带一路"倡议国际合作坚持共赢原则，兼顾各方利益和关切，寻求利益契合点和合作最大公约数，把各方优势和潜力充分发挥出来。"一带一路"倡议旨在广结伙伴、做大蛋糕，反对制造圈子、谋求私利。近年来，"一带一路"倡议积极同《联合国 2030 年可持续发展议程》、欧亚经济联盟、非盟《2063 年议程》、东盟互联互通总体规划等国际区域发展战略对接。

（二）"一带一路"倡议的落实成效

2100 年前，张骞出使西域，开始打通东方通往西方的道路。600 年前，中国著名航海家郑和七次远洋航海，留下千古佳话。这些开拓事业之所以名垂青史，是因为使用的不是战马和长矛，而是驼队和善意；依靠的不是坚船和利炮，而是宝船和友谊。今天，中国将继续走和平发展道路，努力把"一带一路"建成和平之路，与世界各国一起走出一条普遍安全、共同发展的康庄大道。

1. "一带一路"是通向世界的新时代繁荣之路

2013 年，习近平主席提出"一带一路"倡议。经历 10 余年发展，倡议有效促进了经济大融合、发展大联动、成果大共享，在这个变乱交织的时代，铺就了一条互利共赢、繁荣发展之路。

"一带一路"倡议点亮发展之光，为全球发展提供新动力。发展是解决一切问题的总钥匙，也是人类社会的永恒主题。"一带一路"倡议紧紧抓住发展这个最大公约数，提供了一个包容性巨大的发展平台，推动世界各国共同发展繁荣。2013~2022 年，中国与共建"一带一路"重点国家货物贸易进出口额年均增长 8.6%，双向投资累计超过 2700 亿美元，承包工程新签合同额超过 1.2 万亿美元，一大批道路、桥梁、港口投入使用，陆、海、天、网"四位一体"互联互通格局日益完善。①

"一带一路"倡议点亮幸福之光，为民生福祉做出新贡献。民为邦本，本固邦宁，"惠民生"成为共建"一带一路"的又一鲜明注脚。共建"一带一路"10 年间帮助近 4000 万人摆脱贫困②，为当地百姓开辟了一条条机遇之路、致富之路。学校、医院、体育场等一大批"小而美"的民生工程相继落地，越来越多老百姓过上了好日子，幸福感、获得感不断增强。新冠疫情期间，中欧班列开行量突破 1.5 万列，成为运送防疫物资的健康快车。2023 年 1 月，中国援建的非洲疾控中心总部圆满交付，成为非洲第一所具备现代化办公和实验条件、设施完善的疾控中心。面对全球粮食危机，中国与"一带一路"合作伙伴积极开展农业合作，普及杂交水稻、菌草等实用技术，为解决当地人民吃饭问题做出积极贡献。

"一带一路"倡议点亮希望之光，为共同繁荣开辟新前景。当前，《联合国 2030 年可持续发展议程》落实进程受阻，发展鸿沟持续扩大，世界各国谋发展、求合作的意愿更加强烈。许多发展中国家乘着"一带一路"倡议的东风，搭上了中国发展的快车。随着健康、绿色、数字、创新丝绸之路建设的加快推进，必将创造更多合作机遇，为这些国家产业升级、能源转型、创新发展开辟更加广阔的前景。

2023 年 10 月第三届"一带一路"国际合作高峰论坛在北京举行，这是纪念"一带一路"倡议提出 10 周年最隆重的活动，也是各方共商高质量共建"一带一路"合作的重要平台。与会各方站在新的起点上，要将发展的蛋糕越做越大，为人民幸福提供坚实支撑，为经济增长创造更多机遇，为这条通往世界的繁荣之路续写第二个精彩十年。

① 人民网.把"一带一路"建成繁荣之路（人民观点）——推动共建"一带一路"高质量发展② [EB/OL].（2023－09－06）[2024－09－26]. http：//paper. people. cn/rmrb/html/2023－09/06/nw. D110000renmrb_20230906_1－06. htm.

② 央广网.中国将继续为高质量共建"一带一路"提供援外支持 [EB/OL].（2023－10－31）[2025－01－30]. https：//news. cnr. cn/native/gd/20231031/t20231031_526469613. shtml.

2. "一带一路"是畅联世界的新时代开放之路

古丝绸之路绵亘万里，延续千年，连接亚欧非大陆不同文明、不同宗教、不同国度和肤色的人民，打开了各国友好交往的新窗口，书写了人类开放进步的新篇章。

作为中国对外开放模式的新拓展和实施新一轮对外开放的重要举措，"一带一路"倡议根植中国，面向世界。开放的中国与越来越多的伙伴携手，为建设更美好世界而努力。

以开放促进共享包容。"一带一路"倡议传承以和平合作、开放包容、互学互鉴、互利共赢为核心的丝路精神，始终向世界各国敞开怀抱。"一带一路"倡议既不进行意识形态捆绑，也不附设价值观约束；既不是为了势力对抗而产生，也不是为了阵营划分而存在。与某些国家拼凑的"小圈子""小集团"相反，共建"一带一路"是秉持共商、共建、共享理念的"大家庭"。截至 2023 年 6 月，中国已经同 152 个国家和 32 个国际组织签署了 200 余份共建"一带一路"合作文件。国际观察家坦言："历史上从来没有谁尝试通过一系列政策的实施，在经济领域将那么多国家和大洲连接起来。"①

以开放拉紧合作纽带。作为深受欢迎的国际公共产品和国际合作平台，"一带一路"有力促进互联互通，促使有关国家或地区更好融入全球供应链、产业链、价值链，打开了更广阔的发展空间，是中国同世界共享机遇、共谋发展的阳光大道。倡议拉动近万亿美元投资规模，打造了一个个"国家地标""民生工程""合作丰碑"。中老铁路让老挝从"陆锁国"变成"陆联国"，蒙内铁路拉动了当地经济增长超过 2 个百分点；截至 2024 年 3 月底，中欧班列已累计开行超 8.7 万列，通达欧洲 25 个国家 222 个城市。②共建"一带一路"已成为当之无愧的"发展带""幸福路"。

---

① 中国一带一路网. 把"一带一路"建成和平之路——推动共建"一带一路"高质量发展 [EB/OL]. (2023-09-04) [2024-09-26]. https://www.yidaiyilu.gov.cn/p/0QHRHL1M.html.

② 中国政府网. 中欧班列累计开行超 8.7 万列 [EB/OL]. (2024-04-14) [2024-09-26]. https://www.gov.cn/yaowen/liebiao/202404/content_6945198.htm.

以开放破解发展难题。"一带一路"倡议通过打造开放型合作平台，推动构建公正、合理、透明的国际经贸投资规则体系，助力实现更加开放、包容、普惠、平衡、共赢的经济全球化。亚洲基础设施投资银行、"一带一路"专项贷款、丝路基金、丝路主题债券等新工具有效运作，帮助破解"融资难""融资贵"难题。"一带一路"可持续城市联盟、绿色发展国际联盟等国际发展合作新平台为发展中国家营造更多发展机遇和空间，助力缩小发展差距。世界银行测算，到 2030 年，共建"一带一路"有望帮助全球760 万人摆脱极端贫困、3200 万人摆脱中度贫困。①

3. "一带一路"是沟通世界的新时代创新之路

创新是引领发展的第一动力。习近平主席强调，"一带一路"建设本身就是一个创举，搞好"一带一路"建设也要向创新要动力。共建"一带一路"各方始终坚持以理念创新为引领，汇集各方创新资源，不仅为共建国家发展注入强劲动能，也给民众带来实实在在的好处。一条新时代的"创新之路"正在从中国通往世界。

这是一条合作理念创新之路。"一带一路"倡议根植于古丝绸之路和谐、包容、合作精神，创造性地提出共商、共建、共享原则，摒弃西方主导的国际合作中普遍存在的"出资者强势"与零和思维，开创了国际合作新理念。正如英国学者马丁·雅克所说，"一带一路"是一条名副其实的创新之路，就其全球影响而言，"一带一路"是果敢的新尝试，其性质和概念前所未有。

这是一条创新资源汇集之路。"一带一路"合作的科技创新含量不断提升，从扩大科技人文交流到共建联合实验室，从加强科技园区合作到推进技术转移中心建设，一个发展理念相通、要素流动畅通、科技设施联通、创新链条融通、人员交流顺通的创新共同体正从美好愿景变为现实。在中埃（及）共建的国际联合节水灌溉实验室，在手机上轻轻一点，水源就可通过地下渗透管输送到植物根部。这套来自中国的先进节水灌溉系统为解决困扰

---

① 搜狐. 共建"一带一路"为全球人权治理提供新动力发展国家合作［EB/OL］.（2023-12-07）［2024-09-26］. https：//www.sohu.com/a/742285815_362042.

埃及农业发展的高温干旱、水资源短缺问题提供了有效方案。共建"一带一路"还致力于整合各方面创新资源。2017 年中葡（萄牙）海洋生物科学国际联合实验室揭牌成立，2021 年中国-葡萄牙星海"一带一路"联合实验室揭牌启动。中葡两国分别位于太平洋与大西洋沿岸，拥有不同气候和地理环境条件，加强创新合作，不仅能实现信息共享，还能推动科研能力互补，起到"1+1>2"的效果。①

这是一条科技创新惠民之路。通过共建"一带一路"，中国不仅主动融入全球科技创新网络，还致力于推动科技创新成果惠及更多国家和人民。中国与共建国家在智慧城市、移动支付和跨境电商等数字经济领域开展广泛合作，支持共建国家建立完善技术交易市场，与联合国开发计划署组建技术转移南南合作中心，大力开展高校和科研机构合作，助力共建国家创新人才培育和成长……正如比尔及梅琳达·盖茨基金会联席主席比尔·盖茨所说，中国拥有令人瞩目的经验与专长，一直致力于对科技创新的投入，能够通过分享科技成果和成功经验为世界做出独特的贡献。

2023 年，中国主办了第三届"一带一路"国际合作高峰论坛。面向未来，中国将持续推进共建"一带一路"创新合作，最大限度激发创新潜能，为合作共赢打开更广阔空间，为世界各国人民实现共同发展繁荣提供更多共享"宝藏"。

4. "一带一路"是融聚世界的新时代文明之路

从秦岭脚下的古都西安到亚欧大陆西缘的里斯本，从东南海滨的厦门到大洋彼岸的圣安东尼奥港，"一带一路"跨越五大洲四大洋，各地人民语言不同、肤色各异，在历史的长河中，孕育了各具特色的精神创造和文化成就。面对不同文明、不同信仰、不同习俗，是一枝独秀还是各美其美？是故步自封还是开放包容？中国的回答是：架设交流互鉴的桥梁，将"一带一路"建设成为文明之路。

---

① 光明网.把"一带一路"建成创新之路（人民观点）［EB/OL］.（2023-09-14）［2024-09-26］.https://politics.gmw.cn/2023-09/14/content_36831494.htm.

2013 年，中国提出"一带一路"倡议。其主张的"文明互鉴"理念认为多样性是世界的基本特征，倡导以平等、包容的态度对待一切文明，尊重各国意识形态、政治制度和宗教思想，推动不同文明相互理解、相互信任。"文明互鉴"理念由此破除了旧的冷战思维，实现了人类文明观的巨大飞跃，在当今世界凝聚起越来越多的共识。

共建"一带一路"国家开展了丰富多样的人文交流合作，架起文化互赏的桥梁。丝绸之路国际剧院联盟、博物馆联盟、艺术节联盟、图书馆联盟、美术馆联盟相继成立，截至 2022 年，已覆盖 92 个国家和 2 个国际组织。"鲁班工坊"实现跨越式发展，在亚非欧三大洲 20 多国落地，为当地培养了众多高素质技术人才。中外考古学家开展联合考古，共同探寻古丝路文化遗存，续写丝路交流新篇章。"一带一路"用一个个具体行动，构建起文明对话的平台，让文明之花跨越山海，绽放世界。

2024 年是共建"一带一路"倡议提出 11 周年。"一带一路"倡议成为深受欢迎的国际公共产品和构建人类命运共同体的实践平台。白俄罗斯是首批加入"一带一路"倡议的国家，是"一带一路"倡议的坚定支持者、积极参与者，也是受益者。"一带一路"倡议之所以能够经受住时间的考验，主要得益于倡议本身，它反映了共建国家渴望发展的诉求，代表着人类共同繁荣发展的美好愿景。同时，中国政府和企业在资金、技术、人才等方面的无私付出为倡议的实施提供了支撑和具体实施路径，是有关项目得以启动和发展的保障。

二　"一带一路"背景下的中白高质量合作

"一带一路"倡议从夯基垒台到落地生根，已成为开放包容、互利互惠、合作共赢的国际合作平台和国际社会普遍欢迎的全球公共产品，包括白俄罗斯在内的全球 150 多个国家和 30 多个国际组织签署 200 余份共建"一带一路"合作文件，形成 3000 多个合作项目，拉动投资规模近 1 万亿美元。①

---

① 光明网．瞭望·治国理政纪事 共建"一带一路"携手大道同行——破解四大赤字的全球实践［EB/OL］．（2023-10-16）［2024-09-26］．https://politics.gmw.cn/2023-10/16/content_36896095.htm.

"一带一路"倡议从理念到行动，从愿景到现实，致力于维护全球自由贸易体系和开放型世界经济，开展更大范围、更高水平、更深层次的区域合作，推动文明交流互鉴，彰显人类社会共同理想和美好追求，为世界和平发展增添了正能量。共建"一带一路"已被写入联合国、上海合作组织、亚太经合组织等多边机制成果文件，得到国际社会的广泛认同。①

在互联互通方面，经过多年发展，"六廊六路多国多港"的互联互通架构已基本形成，一批标志性项目落地并取得实质性进展，大量合作项目扎实推进。中欧班列作为中国与共建"一带一路"国家互通互惠互联的有效载体，已成为中欧之间国际物流陆路运输的重要选择，被誉为联通亚欧的"钢铁驼队"，为稳定国际产业链供应链做出了突出贡献。

在促进发展方面，"一带一路"倡议将相关国家或地区紧密联系在一起，在金融、贸易、投资、生态环境保护等方面开展广泛合作，有力促进了共建各国发展。同时，持续加强与各国和国际组织之间的规则标准对接，不断提高贸易与投资自由便利化水平。10 余年来，共建"一带一路"使各国获得更多发展机会，经济发展成果更好地惠及了民生。

在民心相通方面，"一带一路"倡议积极促进共建国家或地区开展文明交流互鉴。中国与共建"一带一路"国家互办文化年、艺术节等活动，我国与 180 多个建交国普遍开展教育合作与交流，与 160 个国家或地区合作举办孔子学院（孔子课堂），与 59 个国家或地区签署学历学位互认协议，在国际上合作建成了 30 余个"鲁班工坊"；② 丝绸之路国际剧院、博物馆、图书馆、美术馆联盟以及"一带一路"国际科学组织联盟等运行良好，增进了不同文化间的交流理解和认同。中国积极开展"小而美"民生工程建设，不断促进共建国家民心相通。

---

① 中国一带一路网. 国家发展改革委党组书记、主任郑栅洁发表署名文章：十年共建结硕果携手共进向未来 扎实推进高质量共建"一带一路"行稳致远［EB/OL］.（2023-08-24）［2025-04-27］. https：//www.yidaiyilu.gov.cn/p/0G2O595L.html.

② 光明网. 在"双向奔赴"中推进教育对外开放［EB/OL］.（2024-10-10）［2024-09-26］. https：//news.gmw.cn/2024-10/10/content_37604343.htm.

（一）"一带一路"倡议是当今最重要的全球性项目

当前，世界多极化、经济全球化、文化多样化深入发展，人类社会充满希望。而与此同时，由于某些国家奉行贸易保护主义和滥用单边制裁，加上全球刚经历新冠疫情，世界经济复苏缓慢，各国发展分化更加凸显。在此背景下，"一带一路"倡议顺应经济全球化的历史潮流，顺应全球治理体系变革的内在要求，顺应各国特别是广大发展中国家对促和平、谋发展的愿望，有利于各国发挥自身优势、破解发展难题。此外，"一带一路"倡议弘扬开放包容、互学互鉴精神，坚持互利共赢、共同发展目标，秉持共商、共建、共享原则，坚持开放、绿色、廉洁理念，以高标准、可持续、惠民生为目标，以高质量发展为路径，彰显了和平、发展、公平、正义、民主、自由的全人类共同价值，同时契合相互尊重、平等相待、合作共赢等国际关系基本准则，因此一经提出就得到了世界各国的积极响应和广泛参与，成为最受欢迎的全球合作平台。

（二）"一带一路"倡议是构建人类命运共同体的实践平台

在相互依赖的全球化时代，各国已经成为你中有我、我中有你的命运共同体，任何一国都无法独自解决世界经济复苏乏力、全球变暖、世纪疫情等全球性挑战。在此背景下，中国提出"一带一路"倡议，在经贸合作、科技、粮食安全和农业、教育、医疗卫生、气候变化、减灾、水资源、能力建设、人文交流等诸多领域广泛开展合作，坚持创新、协调、绿色、开放、共享的新发展理念，与共建"一带一路"国家共同推动经济全球化朝着更加开放、包容、普惠、平衡、共赢的方向发展，为各国共同应对全球性挑战、构建人类命运共同体贡献了中国方案。

"一带一路"倡议倡导共商、共建、共享的全球治理观，意在推动平等互利的新型发展合作，为全球发展提供新的路径，而不是重复地缘博弈的老套路，也不形成破坏世界稳定的小集团，为发展中国家参与全球治理和更好融入全球供应链、产业链、价值链提供新机遇，加快各国融合联动发展，促进共同繁荣，充分彰显同舟共济、权责共担的命运共同体意识，成为推动构建人类命运共同体的重要实践平台。

（三）"一带一路"倡议有着旺盛生命力和美好前景

当前，世界进入新的动荡变革期，世界之变、时代之变、历史之变正以前所未有的方式展开，经济全球化遭遇逆流，世界经济复苏步履维艰，多边主义、多边规则、多边机制受到挑战与冲击，全球治理体系亟待改革和完善。中国提出的"一带一路"倡议秉持共商、共建、共享理念，旨在破除零和博弈思维，推动国际合作发展，推进全球治理体系变革和完善，对解决当今世界面临的风险挑战和增强共建各国的应对能力具有重要意义。10 余年来，"一带一路"建设逆风前行，展现了强大韧劲和旺盛生命力。"一带一路"倡议契合人类社会发展规律和时代前进潮流，符合全人类共同利益和各国期待，这正是其生命力之所在。

中国作为世界第二大经济体，愿同包括白俄罗斯在内的世界各国一道继续推进高质量共建"一带一路"，在力所能及的范围内承担更多责任义务，为人类和平发展做出更大贡献。我们坚信，在各国的共同努力下，"一带一路"必将成为世界各国共享机遇、共谋发展的阳光大道，成为造福世界的"发展带"和惠及各国人民的"幸福路"，并推动世界向着实现共同繁荣、构建人类命运共同体的美好愿景不断前进。

（四）白俄罗斯参与中国"一带一路"合作的成就和意义

白俄罗斯是最早响应并积极参与"一带一路"倡议的国家之一。中白在"一带一路"框架下签署多份合作文件，深化了两国在贸易、投资、工业、农业、海关、运输、地方等领域的合作，为双方带来了实实在在的好处。白俄罗斯地理位置优越，是"一带一路"的重要交通枢纽。同时，白俄罗斯作为欧亚经济联盟成员国，对促进"一带一路"建设与欧亚经济联盟建设对接合作也具有重要意义。

在"一带一路"框架下，中白两国实施了一系列互利互惠、成果丰硕的联合项目，其中最重要的当属巨石中白工业园。作为"一带一路"的明珠项目和中白务实合作的标志性工程，中白工业园凭借自身先进的经营理念、优越的营商环境和成熟的配套设施，成为各国企业赴白投资兴业的首选之地。近年来，在两国元首的共同关心和推动下，园区积极应对新冠疫情和外部复杂因素带来的诸多挑战，继续保持稳健发展，取得诸多喜人成绩。园区招商引资工作稳步推进，入园企业数量逆势增长。据白俄罗斯共和国国家统计委员会公布数据，2022 年园区居民企业的工业总产值同比增长 53.3%，达 4.561 亿卢布；货物、工程、服务的销售收入同比增长 90.1%，达 7.093 亿卢布，其中白俄罗斯共和国对外销售收入同比增长达 45.8%。园区企业总体净利润实现盈利，达 3410 万卢布；居民企业缴纳的税费、费用等增长 123.6%，达 8040 万卢布。到 2023 年 3 月，园区共有来自 15 个国家的 100 家居民企业，协议投资额达 13 亿美元。居民企业员工达 2149 人。居民企业的产品出口额为 1.684 亿美元，出口值增幅超 30%。2022 年有 19 家新居民企业注册。①

2023 年，中白工业园的主要业绩指标较 2022 年又有所增长。园区居民企业的工业总产值同比增长 56.1%，达到 7.445 亿白俄卢布，净利润同比增长近 1 倍，达到 6920 万白俄卢布，外商直接投资额（不含商品、工程、服务债务）2870 万美元，同比增长 99.1%，居民企业缴纳税费、费用等 1.489 亿白俄卢布，较 2022 年增长 79.2%。至 2023 年底，园区共有来自 14 个国家的 120 家居民企业，有 26 家新居民企业注册，协议投资额达 14.4 亿美元。居民企业员工达 2719 人。居民企业的产品出口额为 1.358 亿美元，出口增长 5.6%。②

2024 年中白工业园居民企业收入约为 15 亿白俄罗斯卢布（合 4.6 亿美元），增长 40%；利润约为 1.5 亿白俄罗斯卢布（合 0.46 亿美元），利润翻了一番。园区目前有 144 家居民企业，其中有 53 家正在运营，其余的处于不同阶段。园区每年平均新增 20 家居民企业。③

①　中白工业园. 中白工业园 2022 年主要经济指标发布［EB/OL］.（2023-03-21）［2024-09-26］. https：//mp.weixin.qq.com/s/QB8T81pz4wbX5EZAHrCSXw.

②　中白工业园. 净利润翻倍！中白工业园 2023 年主要经济指标发布［EB/OL］.（2024-02-17）［2024-09-26］. https：//mp.weixin.qq.com/s?__biz=MzI3MDk2NDYyNA==&mid=2247498139&idx=1&sn=dedcc05b64a4113ff87a38a20da9be4e&chksm=eacbbb64ddbc327228974e1e9c18f2015b640644f2b5634d3d46544b356ce17a88bd6f0cf8f7&scene=27.

③　中国驻白俄罗斯大使馆经济商务处. 2024 年中白工业园居民企业收入增长约 40%［EB/OL］.（2025-02-12）［2025-04-18］. https：//by.mofcom.gov.cn/jmxw/art/2025/art_449471582ee64f978edf4e043d50626c.html.

截至目前，园区共有来自全球 14 个国家的 147 家入园企业，行业涵盖机械制造、生物制药、电子商务、新材料、中医药、人工智能、5G 网络开发等多个领域。

除中白工业园之外，两国在"一带一路"框架下还共同实施了中欧班列、白俄罗斯吉利汽车、白俄罗斯国家生物技术公司、光明城纸浆厂等联合项目。其中，白俄罗斯吉利汽车由中白合资生产，不仅圆了白俄罗斯的国产轿车梦，还远销俄罗斯等独联体国家，成为白俄罗斯乘用车的亮丽名片。中欧班列的开通改善了白俄罗斯作为内陆国的物流状况，在西方制裁背景下中欧班列已成为白俄罗斯主要对外运输方式，为白俄罗斯对外经济交往提供了保障；白俄罗斯国家生物技术公司使用中方优惠贷款、由中国企业承建的全循环高科技农工综合体项目不仅是白俄罗斯第一家氨基酸生产企业和粮食深加工行业第一个出口创汇、进口替代项目，也是独联体地区首个集粮食仓储、各类饲料生产和氨基酸生产于一体的大型全循环农工生产企业，成为双方务实合作的又一典范。

白俄罗斯对华出口得到快速发展，对华出口金额大幅提升，由 2013 年的 5.8 亿美元增加到 2022 年的 18 亿美元，商品种类显著增加，贸易方式不断创新，对华贸易的发展为白俄罗斯经济发展注入了新动力；同时，中国对白俄罗斯的投资大幅增加，据白方统计，仅 2022 年中国对白俄罗斯投资额就达到 1.961 亿美元，增长 80%。此外，"一带一路"倡议提出以来，中国向白俄罗斯提供了大量援助，实施了逾 20 个项目，涉及道路、电站、居民住宅、体育场馆、医院、安检设备、生物技术等，还为白俄罗斯培养了大量各类专业人才 3000 余人，中国政府的各类援助为白俄罗斯经济社会发展提供了帮助。① 由中国政府援建的社会保障房项目在白俄罗斯全国 6 州 1 市共建设 38 栋 3286 套社会保障住房，总面积近 20 万平方米，为白俄罗斯 3286 个家庭共 1 万多人改善了住房条件。习近平主席和卢卡申科总统亲自关心和

---

① 中国驻白俄罗斯大使馆网站. 谢小用大使就中华人民共和国成立 74 周年接受白俄罗斯国家通讯社专访 [EB/OL]. (2023-10-01) [2024-09-26]. http：//by. china-embassy. gov. cn/zbgx/202310/t20231001_11154280. htm.

推动的中国援白国家足球体育场、国际标准游泳馆是白俄罗斯最大的专业足球场、最高标准的游泳设施。

这些项目不仅为白俄罗斯创造了大量工作岗位和经济收益，填补了白俄罗斯相关行业的空白，使白俄罗斯人民切身享受到中白共建"一带一路"的合作成果，充分彰显了中白两国互利合作的情谊。相信在双方的共同努力下，中白共建"一带一路"合作将更加深入，成果将更加丰硕，也必将为两国人民创造更多福祉。"一带一路"在白俄罗斯的实施成果表明，"一带一路"倡议是各国共商、共建、共享的典范。

三 "一带一路"背景下中白人文交流的评估

冷战结束后，随着全球政治格局的重塑和演进，中国与白俄罗斯从1992年初正式建交至今，双方在政治互信基础上不断加深经济与贸易关系，白俄罗斯成为中国在欧亚大陆最重要的合作伙伴之一。自1992年1月20日建交，两国关系发展顺利，高层交往频繁。2013年7月建立全面战略伙伴关系。2013年，中国提出了"一带一路"倡议，白俄罗斯成为这一倡议重要的合作伙伴。2016年9月两国建立相互信任、合作共赢的全面战略伙伴关系。[①] 中白双方的经济合作特别是在能源、基础设施建设和高技术领域得到了飞速发展，双边贸易额持续增长。此外，两国在媒体、旅游和艺术表演等文化领域也进行了多样化的交流。2023年9月两国升至"全天候全面战略伙伴关系"。2024年7月初白俄罗斯正式加入了上海合作组织，成为上合组织第十个成员国，两国合作空间和维度进一步得到提升。

白俄罗斯地处欧亚枢纽位置，在"一带一路"建设和中欧班列运营线路中占据战略性地位。随着两国关系的升温，近两年两国经贸合作成果丰硕，贸易结构持续优化，双边贸易额稳步扩大，中白双边贸易额由建交之初

---

① 外交部网站．中国与白俄罗斯的关系［EB/OL］．（2024-10-01）［2024-09-26］．https：//www.mfa.gov.cn/web/gjhdq_676201/gj_676203/oz_678770/1206_678892/sbgx_678896/.

的 6080 万美元增长至 2022 年的 50.8 亿美元,提升近 83 倍;① 2023 年又达到 84.43 亿美元,同比增长 67.3%,再创历史新高。② 中白关系的发展成为高质量建设"一带一路"的典范。在 30 余年的双边关系中,彼此的战略定位、首脑引领对双方关系的发展起了决定性的作用,而公共外交的成功实施则是双边关系走深走实、不断升级的重要原因。

(一)"一带一路"背景下中白人文交流评估的视角和理论

相对于首脑外交和政府外交,公共外交更强调国家间通过非正式渠道进行的文化、教育和信息交流,旨在影响外国公众的观念和态度,从而支持其外交政策的目标。公共外交起初是指一国政府同另一国民众间的交流,之后非政府组织及其网络的兴起,则标志着新公共外交的崛起。新公共外交强调双向对话,将公众视为意义的共同创造者与信息的共同传递者,是"软实力""巧实力"的重要工具。进行公共外交的主体,包括政府外交部门及许多的非政府组织,如民间团体、媒体、大学、研究机构、宗教组织以及国内外有影响的人士等。公共外交比民间外交内容更丰富。③ 中国和白俄罗斯通过建立孔子学院、举办文化节和艺术交流活动等公共外交活动,不仅传播了各自的文化,也构建了良好的国际形象,增强了两国人民的友好感情,为深化双边合作创造了良好的社会基础。公共外交本身也是国际传播的过程,传播学奠基人之一的哈罗德·拉斯维尔曾用 5W 模式即通过回答"谁"(Who)、"通过什么渠道"(What Channel)、"对谁"(Whom)、"说了什么"(What)以及"带来什么效果"(With What Effect)五个问题,来分析传播学研究的内容和传播过程等。用此框架来分析中国和白俄罗斯两国关系的发展可实现对结构和功能的解析从而分析成绩和不足,并依此寻找改进路

---

① 中国网.驻白俄罗斯大使谢小用:中白两国经济领域合作不断深化 成果喜人 [EB/OL]. (2023-03-02)[2024-10-09]. https://baijiahao.baidu.com/s? id = 175921600495147762 1&wfr=spider&for=pc.

② 中国青年报.中国驻白俄罗斯大使谢小用:2024 年是中白关系开启新篇章的重要一年 [EB/OL]. (2024-02-02)[2024-10-09]. https://baijiahao.baidu.com/s? id = 17897760 85467604916&wfr=spider&for=pc.

③ 杨青.G20 国家形象:俄罗斯 [M].北京:知识产权出版社,2015.

径。这个框架帮助理解公共外交活动是如何实现，以及它们对两国关系发展产生的影响。

（二）中国在白俄罗斯的公共外交进路及效果分析

用5W模式框架对中国在白俄罗斯公共外交的分析可以从公共外交的主体（Who）通过什么渠道（What Channel）进行传播、对谁（Whom）传播了什么内容（What），以及公共外交的效果怎么样（What Effect）三个方面来展开。

1. 中白两国哪些主体（Who）通过什么渠道（What channel）进行公共外交传播

首先，合作办学是两国教育和文化交流中的亮点之一。合作办学不仅促进了双方的文化理解和友谊，还为两国学生和教育工作者提供了宝贵的机遇。作为推广汉语学习和中国文化的重要平台，孔子学院在白俄罗斯的建立成为两国教育合作的一个重要里程碑。2006年白俄罗斯国立大学共和国汉学孔子学院正式成立，中国在白俄罗斯设立了第一个孔子学院，推动了汉语和中国文化在白俄罗斯的传播。到目前为止，白俄罗斯共有7所孔子学院和2个独立孔子课堂，依托国内高校的师资与白方高校共同建设。另外，除孔子学院以外两国高等教育机构之间的合作也越发紧密，多年来中国和白俄罗斯的高等教育机构签订了一系列合作协议，包括学生和教师交流、联合科研项目、共同举办学术会议等。

其次，中白工业园是"一带一路"共建中意义重大的重点项目。中白工业园是中国在海外的最大工业园，这不仅为双方提供了经济合作的新平台，也成为促进区域发展的重要引擎。中白工业园是两国领导人推动双方企业深化双边合作、促进共同发展的成果。中白工业园全名为"中国-白俄罗斯'巨石'工业园"，它于2010年开建，旨在吸引高科技企业，促进产业升级，加强两国在科技创新、产业发展方面的合作。工业园区聚焦电子信息、生物医药、新材料和环保等高新技术产业，既是白俄罗斯经济现代化的重要引擎，也是中国企业"走出去"战略的重要落脚点。"一带一路"倡议提出至今，中资企业的公共外交意识已逐渐增强，并且开展了多方面的公共外交活动，如建立企业宣传专业化部门、完善属地化管理、积极承担企业社会责任等。

最后，文化艺术交流成为中白两国友好合作的亮点之一。随着中国与白俄罗斯关系的不断加强，两国之间的媒体、旅游、会展演出、侨务外交等交流也日益频繁。中白双方通过定期组织媒体交流活动、互派记者团访问以及共同制作节目等方式，增进两国媒体的相互理解和合作。另外，在农业和商业中由科研机构、各类企业、个人为主体的交流也参与两国公共外交。

2. 对谁（Whom）传播了公共外交的什么内容（What）

首先，两国间多类别、多样式、多层次的高校间合作深入展开。孔子学院和孔子课堂里不仅教授汉语，还举办中国书法、绘画、武术等文化活动和讲座等；高校之间学历教育得到快速发展，两国高校之间不断加大学生交换、学术互访等各种项目。联合项目研究、联合学位设立和互认、语言和专业培训等项目，促进了学术成果的共享。两国高校还特别加强了在商务、工程和信息技术等领域的交流。

其次，以中白工业园为主要载体，两国商务、医药和科技等共同发展。中白工业园是"一带一路"倡议在欧洲的重要项目之一，中白工业园位于白俄罗斯首都明斯克附近，是中国与白俄罗斯合作的标志性项目，为双方提供了共同参与全球产业链重组的平台。园区内提供优惠的税收政策、高效的行政服务，吸引了来自中国、白俄罗斯以及欧洲、亚洲的多家企业入驻。中白工业园不仅是两国经贸合作的典范，也成为连接欧亚经济的重要桥梁。在这里，中资企业与东道国政府或其他政治力量进行接触，展开企业政府公关，这是我国"一带一路"企业公共外交的一个重要施展之地。其中，企业媒体宣传信息技术的发展给公众带来了更为便捷的信息获取渠道，同时也极大地降低了企业公关和信息传播的成本。中国中医药产业项目入驻中白工业园，设立了中国传统医学文化交流和诊疗中心，促进中医药在白俄罗斯的普及和应用，也推动两国在医疗卫生领域的务实合作取得新的突破，并提升两国人民的健康水平和生活质量，为构建中白卫生健康命运共同体奠定了良好基础。2023年初，中白两国在科技创新领域的合作正在不断加深。另外，中白农业合作全面推进。相关高校和科研机构之间农业科研深入展开，探索农业标准化，培养农业人才，在农产品贸易及深加工方面加强合作，共建高科技农工综合体项目等。①

最后，国家层面和地方政治、经济和人文交往广泛开展。中国中央电视台与白俄罗斯国家电视台签署了合作协议，共同制作并播出了反映两国文化和社会发展的纪录片和特别节目；两国通过举办文化节、艺术展览、演出等活动，展示了各自的文化魅力和艺术成就。例如，中国文化节、白俄罗斯艺术周等活动在两国成功举办，中国国家话剧院的访白演出、白俄罗斯国家舞蹈团在中国的巡演等都受到了广泛欢迎；随着双边关系的加深，两国政府积极采取措施促进旅游合作和人员往来。白俄罗斯为中国游客提供了便利的签证政策，中国游客对白俄罗斯的旅游人数也逐年增加等。

3. 公共外交的效果怎么样（With What Effect）

首先，教育合作的深入发展为双边关系的长远发展培养了接班人。通过不断创新和改进合作方式，中白教育合作为当地的学生之间、学生与中方的老师、学生与中国文化之间提供了学习和交流的机会，而且深刻影响了中小学生，促进了两国人民之间的相互理解和长远友谊，为两国友好关系未来发展和双方人民带来更多长远利益。

其次，中白工业园被誉为"丝绸之路经济带上的明珠"。园区的建设促进了中白经济合作的深化，促进了两国科技创新与产业升级。如今入园企业数量已达 107 家，② 通过园区中国与白俄罗斯在贸易、投资等领域的合作更加紧密，经贸关系得到了显著提升。工业园的建设促进了两国在科技创新和产业发展方面的交流与合作。园区内的企业可以利用中白两国的技术、人才

---

① 中国驻白俄罗斯大使馆.专访中国驻白俄罗斯大使谢小用：中白关系十年"三连跳"，未来经贸合作将聚焦数字、绿色经济［EB/OL］.（2023-12-29）［2024-10-09］. https：//mp. weixin. qq. com/s/M9y63Ac-nwsz_hrXh6Gbnw.

② 光明网.中国与白俄罗斯全方位合作扎实推进［EB/OL］.（2023-03-01）［2024-10-09］. https：//m. gmw. cn/baijia/2023-03/01/36399803. html.

资源，加速科技成果的转化和产业的升级换代，推动两国经济向高质量发展转型。通过园区的建设和运营，加强了中国与白俄罗斯乃至中国与东欧地区的经济联系，为"一带一路"倡议在欧洲的深入实施提供了成功案例。园区不仅为当地创造了大量就业机会，还吸引了外来投资，提高了地区的经济活力和国际竞争力。工业园的建设和发展对促进白俄罗斯乃至周边地区经济的发展具有重要意义。另外，两国农业合作亮点纷呈、互利性强。白俄罗斯的肉类、菜籽油、乳制品等优质农产品越来越受到中国消费者追捧。

最后，地方交往成为中白合作新的增长点。中国和白俄罗斯之间的文化交流涵盖了媒体传播、旅游、会展演出、民间交往等多个方面，这些文化交流不仅加深了两国人民的相互了解和友谊，也为两国关系的发展注入了新的活力。人文交流和传统友好日益深化，"文化日""电影周""图片展""邮票发行仪式"等活动的成功举办为两国人民增进彼此了解打开了宝贵窗口。当前中白友好省州和友城数量已达近 50 对，① 其中约 20 对为近三年内新建立。中白之间的媒体合作项目不仅提升了两国民众对彼此国家的了解，也为促进双边关系发展发挥了积极作用。在推动旅游合作方面双方也取得了显著成绩，如开通直飞航线、举办旅游推介会、签订旅游合作协议等。各类会展演出、文化艺术交流活动等不仅丰富了两国人民的精神文化生活，也成为增进民心相通的重要桥梁。这些措施有效促进了两国人民之间的直接交流，加深了相互了解。

在新冠疫情和俄乌冲突的背景下，两国公共外交的各个方面都受到了不同程度的影响，但双方一直相向而行、互相帮助，共同努力、共度时艰，并成为高质量共建"一带一路"的典范，中白共建"一带一路"必将迎来下一个"黄金十年"。② 总之，中白之间的文化交流与合作多样化、深层次、

---

① 中国驻白俄罗斯大使馆网站. 谢小用大使出席白俄罗斯第七届青年汉学家研讨会 [EB/OL]. (2024 - 03 - 01) [2024 - 10 - 09]. http：//by. china - embassy. gov. cn/chn/sssgxwdt/202403/t20240302_11252922. htm.

② 中国驻白俄罗斯大使馆网站. 谢小用大使在白俄罗斯国家通讯社发表署名文章：《中国经济"成绩单"来之不易》[EB/OL]. (2024 - 02 - 20) [2024 - 05 - 11]. http：//by. china - embassy. gov. cn/chn/sssgxwdt/202402/t20240220_11247545. htm.

广泛性的特点，不仅促进了两国人民之间的相互了解和友好感情，也为推动两国关系的全面发展提供了坚实的社会和文化基础。随着两国合作的不断深化，中白之间的文化交流和民间交往还将持续拓展，为两国关系的长远发展注入更多活力。

（三）进一步的思考与建议

"一带一路"的互联互通项目将推动共建各国发展战略的对接与耦合，发掘区域内市场的潜力，促进投资和消费，创造需求和就业，增进共建各国人民的人文交流与文明互鉴，让各国人民相逢相知、互信互敬，共享安宁和富裕的生活。但是发展和建设是一个长期的过程，会遇到各种风险和挑战，需要因地制宜克服困难、协同努力共赢发展。在高质量共建"一带一路"的过程中，尽管中白教育合作取得了显著成果，但仍面临一些挑战，比如文化背景的不同、教育体系和标准的差异、语言障碍等。中白两国公共外交的深入发展是两国关系进一步加强的抓手。在当前的基础上，以下多维度的建议旨在推动两国公共外交活动的深化和拓展。

1. 进一步缩小传播主体（Who）和客体（Whom）的沟通障碍

通过提供更多的语言课程和强化语言学习环境，帮助学生和教职工克服语言障碍，促进更有效的交流；搭建更多样化文化交流平台，增加文化交流的形式和内容，如艺术展览、电影节、音乐会等，丰富两国人民的文化体验；鼓励两国艺术家、学者和青年通过艺术创作和学术研究进行交流，深化文化认同和理解；支持两国民间组织、非政府组织开展多层次、多领域交流，如友好城市交流、民间艺术团体互访、民族传统节日的共同庆祝等。

2. 深入挖掘工业园区基地平台（What Channel）作用，拓展经济合作与交流

充分发挥工业园区的示范效应，定期举办经贸论坛和展览会，提供一个互利共赢的合作平台，加强两国在贸易、投资、科技创新等领域的合作。支持企业交流与合作，鼓励两国企业参与对方国家的经济建设和市场拓展，通过商务考察团、技术交流会等形式，加深企业间的了解与合作。发挥工业园

区平台媒体作用，探索在教育、文化、环保等非经济领域的合作，促进人文交流，加深两国人民的相互理解和友谊，为中白关系的全面发展奠定更加坚实的基础。

3. 争取在数字技术开发合作上有所突破，补齐两国间缺乏国际社交媒体（What Channel）的短板

建立常态化媒体交流机制，如通过定期举办媒体论坛、研讨会，增进两国媒体的相互了解与合作。促进媒体合作与信息共享，鼓励两国媒体就共同关心的国际和地区问题进行交流和报道，提供多元化、全面化的视角。如充分利用新媒体和社交平台的传播优势，加强两国年青一代的信息交流与文化共享，提高两国公共外交的互动性和吸引力。如在白俄罗斯推广微信国际版，针对性推出俄语公众号等，主动跨越语言障碍并补齐两国间缺乏国际社交媒体的短板；发挥国内新兴网红力量，如国内乡村博主的原生态短视频等，近两年在国内赢得不菲流量，这些节目和内容是有生命力和吸引力的，更能展现中国乡村的生机和青年的面貌，富有感染力，具有能从 5W 全维度上实现突破效果的可能性，无论对白俄受众，还是更广范围的国际传播，有望收到更好的传播和带动效果；另外，可利用数字技术，借助在线教育平台和远程教学技术，开发新的合作模式，摆脱地理距离的限制，为开展更多更丰富的沟通交流提供可能性。

4. 做好传播效果（What effect）评估，提高公共外交的策略性和针对性

建立公共外交评估机制，定期评估公共外交活动的效果，根据反馈信息调整策略和方向，确保公共外交活动更加符合两国人民的期待和需求，深化公共外交研究，支持两国智库和研究机构就公共外交策略和实践进行深入研究，提出切实可行的政策建议，为公共外交提供理论支持。

通过这些多维度的建议，中国和白俄罗斯的公共外交能够进一步深化，加强两国人民之间的文化认同和友好情感，为两国关系的全面发展奠定坚实的社会文化基础。

通过与白俄罗斯的广泛交流和全面合作，展示了中国的文化魅力和发展成就，增强了对白俄罗斯及其周边国家的吸引力。同样，白俄罗斯也通

过与中国的合作展示了其文化和教育的开放性，增强了民众的素质和自身
的软实力和巧实力。中国与白俄罗斯之间的文化交流、教育合作、经济互
动等公共外交不仅加深了双方的理解和友好，也增强了两国在国际舞台上
的影响力。

通过拉斯维尔的 5W 模式可以看出，中白两国通过多渠道、多层次的传
播活动，有效传递了合作友好的信息，加深了民众之间的理解和信任，推动
两国关系更加深入。中白关系在冷战后经历了从政治互信到公共领域的经济
合作、文化交流等的全面发展，成为两国高质量共建"一带一路"的典范。
未来，随着"一带一路"倡议的进一步实施和公共外交活动的深化，两国
关系有望继续稳步前进，实现更高层次的战略协作。

综上所述，中国文化在白俄罗斯的传播已经取得了长足的进展。在教
育、文化活动、媒体网络以及旅游业等多个领域的合作中，两国之间的文化
交流日益频繁和深入。这些交流不仅促进了中白两国人民之间的友谊和理
解，也为中国文化在国际舞台上赢得了更多关注和赞誉。

随着中白两国关系的不断发展和文化交流的不断深入，中国文化在白俄
罗斯的传播将会迎来更加广阔的空间和更加美好的前景。双方将继续加强教
育合作、艺术展览、文艺演出、影视作品和旅游交流等领域的合作与交流，
共同推动中白文化交流迈上新台阶。未来中白文化交流将会更加频繁和深
入，成为两国关系发展的重要支撑和推动力量。

第二节　上海合作组织——中白未来合作的机制保障

冷战结束后，为了共同应对国际政治经济形势的变化、满足地区安全合
作的需求和成员国之间的共同利益，1996 年中国、俄罗斯、哈萨克斯坦、
吉尔吉斯斯坦和塔吉克斯坦成立"上海五国"会晤机制，共商对策；2001
年 6 月 15 日乌兹别克斯坦加入，六个创始成员国共同签署了《上海合作组
织成立宣言》，标志着上海合作组织（SCO）的正式成立。

一　上海合作组织及其发展

上海合作组织的宗旨是加强各成员国之间的相互信任与睦邻友好；鼓励成员国在各领域的有效合作；共同致力于维护和保障地区的和平、安全与稳定；推动建立民主、公正、合理的国际政治经济新秩序。上合组织的决策机构包括成员国元首理事会、政府首脑理事会和外交部长理事会等，其秘书处设在北京，反恐怖机构设在乌兹别克斯坦的塔什干。

上合组织的成立最初是为了加强中国、俄罗斯及中亚国家之间的安全合作，主要应对地区恐怖主义、分裂主义和极端主义，而成立于冷战时期的北约主要是为了防范苏联及东欧国家的军事威胁，保障成员国安全；欧盟的成立是为了通过经济合作促进欧洲的和平与繁荣，后来逐步形成了政治、经济一体化组织；东盟则为促进东南亚国家间的经济、社会和文化合作，维护地区和平与稳定。北约和欧盟是结盟组织，而上合组织与东盟都坚持不结盟政策，属于不结盟性国际组织。上合组织对内遵循"互信、互利、平等、协商，尊重多样文明、谋求共同发展"的"上海精神"，对外奉行不结盟、不针对其他国家或地区及开放原则。

从组织成立的主要目标看，上合组织致力于安全合作、经济合作和文化交流；北约的目标除主张通过合作与对话促进安全环境，即追求合作安全外，更强调危机管理和集体防御的目标，也就是应对国际危机、维持稳定和保护成员国免受外部攻击；欧盟成立的主要目标是经济一体化、政治统一、和社会文化发展，也就是说建立单一市场和货币联盟，共同制定和执行政策（如外交、安全、移民等），促进社会福利、教育和文化交流；东盟的目标是区域稳定、经济发展和社会文化合作等。

从其性质和在国际事务中的角色来看，上合组织主要关注中亚地区的安全与稳定，通过经济合作和反恐行动国际影响力逐渐增强，发展为影响中亚及周边的国际组织；北约是冷战的产物，主要负责成员国的集体防御，它的性质更突出的是一个军事组织，参与国际维和、反恐和人道主义救援；欧盟追求在经济、政治、社会等方面的区域一体化和在贸易、气候变化、国际援助等领域与全球的合作；东盟的角色是在经济政治和社会领域促进东南亚区域合作，并作为一个整体在国际事务中逐渐提高影响力。

上合组织在诸多领域取得了重要成就。通过定期举行成员国元首和政府首脑会议，它为成员国之间的高层对话提供了重要平台，各国在相互尊重主权、平等互利的基础上，达成了一系列政治共识，推动了区域的和平与稳定。上合组织的区域反恐怖机构在协调反恐行动和加强安全合作方面发挥了关键作用，成员国通过联合反恐演习、情报共享和法律合作，有效打击了恐怖主义、极端主义和分裂主义。在经济领域，上合组织成员国通过签署多边经济合作协议，建立了多个经济合作项目，如中亚基础设施项目和金融机制合作机制、中欧班列和"一带一路"倡议的对接等，促进了区域经济一体化进程。通过举办文化节、艺术展览和学术交流活动，各成员国增进了相互了解和文化认同，教育和旅游合作的扩展推动了文化交流的多样化和深入化。

经过 20 多年的发展，上合组织已经成了不同政治制度和国家之间的合作典范，其国际影响力和吸引力不断扩大和加强，目前还有包括阿联酋、叙利亚、卡塔尔和沙特等对话伙伴国申请加入上合组织。

一个国家在国际舞台上如何制定并执行其国际战略，以维护国家利益、促进国家发展，对其至关重要。一方面，位于欧洲中东部具有地缘枢纽地位的白俄罗斯在一定程度上对周边各国及国际组织具有连通和辐射作用；另一方面，上海合作组织的发展自然对白俄罗斯产生着吸引力和影响力。

二　白俄罗斯加入上海合作组织

近年来，白俄罗斯在国际舞台上采取了积极的外交政策，尤其是与上海合作组织的合作，体现了其独特的外交智慧。

（一）白俄罗斯加入上合组织的背景

作为一个主权国家，维护国家主权和独立是白俄罗斯国际战略的核心。白俄罗斯政府一直强调多元化外交政策，旨在与不同国家和国际组织建立友好关系，以维护国家利益和地区稳定。白俄罗斯积极参与国际事务，加强与其他国家的交流与合作，推动多边主义的发展。白俄罗斯坚决反对任何形式的干涉和侵略，致力于通过外交手段解决国际争端和冲突。

作为欧洲的一部分，白俄罗斯积极参与地区一体化进程。白俄罗斯积极寻求与欧洲国家的合作，以推动政治、经济等领域的改革与发展。2009年白俄罗斯曾加入欧盟的东部伙伴关系计划，成为该计划的六个成员国之一。在此框架下，欧盟每年向白俄罗斯提供一定数额的援助，以支持其改革进程。尽管白俄罗斯加入了该计划，但其在与欧盟的关系上一直存在矛盾和分歧。2021年白俄罗斯暂停参与东部伙伴关系计划，使白俄罗斯失去了来自欧盟的援助和支持，从而对其改革进程和经济发展产生了一定影响，也使得白俄罗斯更倒向俄罗斯。

白俄罗斯的对外关系强调促进经济多元化和创新发展，通过吸引外资、加强国际贸易和技术合作，推动经济结构调整和产业升级。但由于地缘等因素，在俄罗斯与欧盟关系越来越紧张的情况下白俄罗斯最终还是倾向于俄白联盟的道路方向，同时在"一带一路"倡议背景下加强了与中国的经济合作，寻求国家经济领域的创新发展。

作为一个地缘上位于欧洲中部枢纽位置的国家，白俄罗斯同时又处在北约和俄罗斯两大政治势力之间，面临着一定的政治、经济、社会和国际安全方面的压力。在新冠疫情和俄乌冲突的背景下，其对外战略必然也面临着抉择和挑战。

白俄罗斯面临挑战的同时也有着一定机遇，如地区一体化进程加速、国际合作不断深化等。如何充分利用机遇、应对挑战，制定和执行更加务实的对外战略，以实现国家的长期稳定发展，是白俄罗斯政府追求的方向。自上海合作组织成立后，白俄罗斯便与成员国展开了广泛而深入的合作。在多个领域，如政治、经济、文化等方面，白俄罗斯都表现出对上海合作组织的高度认同和支持。

（二）白俄罗斯成为上海合作组织的对话伙伴国

2012年白俄罗斯成为上海合作组织的对话伙伴国，此后双方的合作不断深化。白俄罗斯积极参与上海合作组织的各项活动，与成员国在政治、经济、文化等领域进行了广泛合作。作为上海合作组织的对话伙伴国，白俄罗斯在组织中发挥着重要作用。白俄罗斯积极参与上海合作组织的决策过程，为组织的发展提出建设性意见。同时，白俄罗斯还利用上海合作组织平台，加强与成员国之间的合作，推动地区和平与稳定。在政治领域，白俄罗斯与上海合作组织成员国保持着密切的外交联系。双方通过高层互访、国际会议等形式，就国际和地区问题进行了广泛而深入的探讨。此外，白俄罗斯还积极支持上海合作组织在维护地区安全稳定方面发挥重要作用。

在经济领域，白俄罗斯与上海合作组织成员国开展了一系列富有成效的合作项目。白俄罗斯还与上海合作组织成员国签署了多项合作协议，共同推动地区经济的发展。双方通过贸易、投资、科技等领域的合作，不断推动互利共赢的经济发展。特别是在"一带一路"倡议的框架下，白俄罗斯与上海合作组织成员国在基础设施建设、产能合作等方面取得了显著成果。双方的合作领域不断拓宽，合作成果丰硕。在文化领域，白俄罗斯与上海合作组织成员国通过文化交流、教育合作等形式，不断增进相互了解和友谊。双方共同举办的文化活动，如艺术展览、文艺演出等，为加强两国人民之间的友谊和合作奠定了坚实基础。白俄罗斯与上海合作组织的合作取得了显著成果。在政治领域，双方建立了稳固的外交关系，为深化合作奠定了坚实基础。

（三）白俄罗斯正式加入上海合作组织

2017 年上合组织阿斯塔纳峰会决定给予印度和巴基斯坦成员国地位，完成首次扩员；2023 年和 2024 年 7 月伊朗和白俄罗斯正式加入上合组织，其成员国增至 10 个。

白俄罗斯于 2023 年在上海合作组织成员国元首理事会会议上签署了加入上合组织的备忘录，正式启动了加入程序。完成所有法律和程序要求后，2024 年 7 月 4 日白俄罗斯正式加入上合组织，使上合组织由一个亚洲的区域性国际组织发展成为一个连通亚欧的跨区域性国际组织。

展望未来，白俄罗斯与上海合作组织的合作前景广阔。在政治领域，双方应继续加强沟通与合作，共同维护地区和平稳定。在经济领域，双方应进一步深化贸易和投资合作，推动互利共赢的经济发展。在文化领域，双方应继续加强文化交流与合作，促进文化产业的繁荣与发展。

三 中白未来合作的机制保障

加入上海合作组织的白俄罗斯发展底盘更加强大，发展空间更加宽广。随着全球政治、经济格局的不断变化，白俄罗斯面临着前所未有的历史机遇。白俄罗斯在国际关系中面临的机遇是多方面的，包括政治环境的变革、经济合作的深化、文化交流的加强等。

（一） 政治环境整体将有所好转

俄乌冲突造成的欧洲分裂和对立，以及白俄罗斯加入上海合作组织，从不同方面对白俄罗斯产生影响。

1. 俄乌冲突背景下白俄罗斯在夹缝中求自保

白俄罗斯与俄罗斯的关系一直是白俄罗斯对外关系之重。俄罗斯与西方的关系一直是影响白俄罗斯外交政策的最重要考量因素。理论上讲，基于地缘和政治因素，当俄罗斯与西方国家关系正常的时候，白俄罗斯有机会在双方之间发挥桥梁作用，促进双方的合作与沟通；而当俄欧关系走向低谷时，白俄罗斯会面临困难的选择，一般会追随俄罗斯应对西方。在俄乌冲突背景下，白俄罗斯独善其身是很难的，加上白俄罗斯历史上深受战争的践踏和摧残，国家对战争的历史记忆深刻且沉痛，因此白俄罗斯需在夹缝中求自保。

2. 未来欧洲安全格局的重塑将对白俄罗斯社会产生影响

世纪之交欧洲安全格局发生了显著变化，北约在 1999 年和 2004 年完成了第四次和第五次东扩；2004 年和 2007 年欧盟也经历了其历史上成员国和人口数量的大规模扩张，10 个中东欧国家和 2 个地中海国家先后加入了欧盟。俄乌冲突结局将对未来世界格局产生深远影响，也同样会深刻影响白俄罗斯的内外发展。白俄罗斯是一个互联网媒体开放的国家，随着北约和欧盟的东扩以及未来俄乌冲突结局的影响，白俄罗斯周边东欧和中欧国家的变化对白俄罗斯社会将产生潜移默化的影响。

3. 白俄罗斯加入上合组织迎来新机遇

白俄罗斯加入上合组织，将获得更广阔的外交空间、更坚实的发展底盘。上合组织历经 20 余年发展，已成为地区安全稳定的"压舱石"、经济复苏发展的"助推器"、文明交流互鉴的"大舞台"。近年来，上合组织"朋友圈"持续扩大，正式成员国、观察员国和对话伙伴数量不断增加，反映了上合组织的影响力正稳步提升。这不仅进一步提高了组织代表性和话语权，有利于各方拓展合作领域、实现互利共赢，也有利于推动解决国际和地区热点问题，推动国际秩序朝着更加公正合理的方向发展，有利于组织各方同国际社会一道构建相互尊重、公平正义、合作共赢的新型国际关系，弘扬、践行人类命运共同体理念，为世界的和平、发展、繁荣做出更大贡献。

白俄罗斯正式加入上海合作组织将与上合组织国家深化安全、经贸、人文等领域合作，还会在共建"一带一路"合作中获得新机遇，也将为两国拓展国际合作、共同参与全球治理提供新契机。因此，对白俄罗斯来说未来是机遇大于挑战。

（二）经济合作空间将有所扩大

中国提出的"一带一路"倡议为白俄罗斯带来了巨大的发展机遇。白俄罗斯可以积极参与这一倡议，加强与中国及其他共建国家的经济合作，推动基础设施建设、贸易往来和技术交流等。白俄罗斯经济发展的未来机遇主要体现在以下几个方面。

1. 贸易机会和互联互通将得到加强

上合组织成员国覆盖中亚、南亚和东亚重要经济体，白俄罗斯加入上海合作组织后能够进入广阔的亚洲市场，如中国、印度、哈萨克斯坦等国，白俄罗斯可借此拓展其商品和服务的出口市场。通过上合组织框架下的经济合作，促进成员国之间关税和非关税壁垒的消除，提升贸易便利化水平。白俄罗斯作为共建"一带一路"国家，可在上合组织支持下，深化与中国等国的基础设施合作，参与跨境交通运输和物流网络建设。通过共建"一带一路"，吸引成员国对白俄罗斯交通、能源、通信等领域的投资，促进国内经济发展。

2. 获得多元化能源供给和金融合作

通过上合组织能源俱乐部平台，与俄罗斯、哈萨克斯坦等能源资源丰富的国家深化合作，保障能源安全。与成员国合作开发风能、太阳能等可再生能源项目，推进可再生能源项目，实现能源结构优化。[1] 通过上合组织开发银行等多边金融机构，获得项目融资支持，加快国内经济项目的实施。与成员国推进本币结算，降低汇率风险，促进贸易便利化。[2]

3. 引进先进技术推动产业合作

与中国、印度等科技实力较强的成员国合作，引进先进制造业、信息技术、生物医药等领域的技术，提高国内产业水平。在白俄罗斯建立上合组织成员国参与的产业园区，吸引外资，促进就业。[3] 扩大农产品出口，向成员国出口白俄罗斯的乳制品、肉类、谷物等优势农产品，满足成员国市场需求。引进和学习成员国的先进农业技术，提高农业生产效率和质量。

白俄罗斯加入上合组织，为其深化经济合作、拓展国际市场、吸引外资和技术、提升产业竞争力提供了重要的历史机遇。在当前全球经济变革和区域合作加深的背景下，要积极利用上合组织平台，有助于白俄罗斯实现经济发展和国家繁荣。

（三）文化交流将进一步加强

白俄罗斯加入上合组织后，在文化交流方面将迎来广阔的前景。作为一个致力于促进成员国间多领域合作的区域性国际组织，上合组织为成员国提供了深化文化合作、加强人文交流的重要平台。

1. 加强与成员国的人文交流

白俄罗斯加入上合组织后文化交往必然扩大，传统文化互鉴更加频繁，教育合作更广泛深入。白俄罗斯可以参与上合组织框架下举办的各种文化节、艺术展览、音乐会、电影周等，展示本国的文化艺术，增进与其他成员国的文化联系；并且通过文化遗产保护、非物质文化遗产传承等领域的合

---

① 王磊. 上合组织能源合作的新机遇 [J]. 能源研究与利用，2023（2）：27.
② 张丽. 上合组织金融合作的现状与前景 [J]. 金融论坛，2022（6）：58.
③ 陈刚. 上合组织成员国产业合作模式探析 [J]. 产业经济评论，2021（5）：83.

作，促进成员国间的传统文化交流，弘扬多元文化；① 教育合作方面，留学与交流项目能够促进学生、教师的交流互访，开展联合培养项目，扩大在成员国间的留学生规模。语言培训中心将增多，促进语言学习，推动俄语、汉语等语言教学发展，进一步消除语言障碍。

2. 参与上合组织的人文合作机制

白俄罗斯可以参加上合组织文化部长会议，与其他成员国的文化主管部门沟通协调，共同制定文化合作政策；参与政策制定与实施，共同商讨并实施促进文化交流的措施，推动文化领域的合作项目。白俄罗斯能够参与上合组织定期举办的文化年、文化节等大型活动，展示本国文化风采，增强与成员国的文化纽带；与其他成员国联合举办文化活动，推动双边或多边的文化交流。白俄罗斯可以利用上合组织的平台，推广白俄罗斯的旅游资源，吸引成员国游客，促进旅游业发展；与成员国合作开发跨境旅游线路，提供便利的旅游服务。通过上合组织的协商，还可能达成签证便利化协议，促进人员往来，带动服务业增长，提升国际形象和软实力。

3. 增强媒体和文化产业的合作与发展

白俄罗斯媒体可以与成员国媒体加强合作，共同报道新闻事件，增进相互了解；参加上合组织媒体合作论坛，探讨媒体合作的新途径；利用数字技术，建立文化信息共享平台，促进文化资源的共享与传播。通过与成员国合作拍摄电影、电视剧，开展影视作品交流，进行社会文化合作，促进影视产业发展；加强在图书出版、媒体传播方面的合作，促进信息共享和传媒产业的发展；鼓励艺术家间的交流，开展联合创作、艺术交流活动，促进艺术创新；在音乐、舞蹈、美术等领域开展教育合作，提高艺术教育水平。

---

① 明斯克中国文化中心. 第33届"斯拉夫集市"国际艺术节框架下上海合作组织成员国民族文化日活动在白俄罗斯举办［EB/OL］.（2024－07－15）［2025－04－27］. https：//mp. weixin. qq. com/s？＿＿biz＝MzIyNDgyOTQzNg＝＝&mid＝2247503188&idx＝1&sn＝b898ac5aea8a465a5a71 ab39c00bdb24&chksm＝e94b6e9264e0463714bd5d5f33c030b6bb3d0c07078d9f5303c8046ede2e1ba11 a75b85f962a#rd.

4. 促进文明对话与互鉴

举办或参加国际学术会议、研讨会，开展人文社会科学领域的研究合作；与成员国智库机构合作，开展政策研究，提供决策支持，加强与成员国的科技合作；在宗教文化、哲学思想等方面开展对话，增进理解、文明互鉴，促进和平共处；还可以与成员国合作，推动具有共同历史文化价值的遗产项目申报世界遗产，促进遗产保护；等等。

通过上述领域的合作，白俄罗斯可以拓展经济效益、促进社会发展、提升国际影响力，形成良性互动发展。通过积极参与上合组织的文化合作，提升自身的国际形象和文化软实力；文化交流有助于增进人民间的友谊，促进社会和谐与进步；文化产业和旅游业的发展，将为白俄罗斯带来新的经济增长点，推动经济多元化。

白俄罗斯加入上海合作组织后，在文化交流方面将迎来多重机遇。通过积极参与上合组织的人文合作机制，白俄罗斯可以加强与成员国在文化、教育、旅游、青年、体育、媒体等领域的交流与合作。这样的合作不仅有助于弘扬白俄罗斯的文化，促进多元文化互鉴，还将增强两国人民间的友谊，推动地区的和平与繁荣。

综上所述，白俄罗斯的对外战略是其国家发展的重要组成部分。通过与俄罗斯签署战略合作伙伴计划、在俄乌冲突背景下维护国家主权和独立、加入上海合作组织等行为举措，为国家谋求长远发展道路。通过加入上海合作组织，白俄罗斯将在全方位迎来新的发展机遇，未来能够在国际舞台上发挥更大的作用，为国家的繁荣和发展贡献力量。

第三节 "人类命运共同体"理念引领下的中白关系未来

中白双方在相互尊重、合作共赢的基础上开展各领域合作，在纷繁复杂的国际环境中守望相助。两国关系展现着旺盛生机活力和广阔发展前景，发展为新型国际关系的典范。

一　"人类命运共同体"理念引领中白实践

2013 年在上合组织进一步发展基础上，中国国家主席先后提出了人类命运共同体理念和"一带一路"倡议。人类命运共同体理念强调世界各国相互依存、命运与共，倡导通过合作实现共同发展、共同繁荣和共同安全。其核心理念是构建一个持久和平、普遍安全、共同繁荣、开放包容、清洁美丽的世界。"一带一路"倡议是"丝绸之路经济带"和"21 世纪海上丝绸之路"构想的总称，旨在通过建设横跨亚欧非大陆的互联互通网络，实现政策沟通、设施联通、贸易畅通、资金融通和民心相通，推动共同发展与繁荣。

人类命运共同体理念和"一带一路"倡议的提出，正是对上合组织发展需求的深刻回应，同时也是对全球化时代国际关系的深刻洞察。21 世纪初，随着全球化的深入发展，各国间的联系日益紧密，相互依存的程度不断加深。然而，全球性问题如资源短缺、气候变化等也日益突出，对人类的生存和发展构成了严峻挑战。在这样的背景下，上合组织作为一个重要的区域性国际组织，其成员国的共同利益越来越多地体现在对这些全球性问题的应对上。正是在这样的时代背景下，人类命运共同体的理念和"一带一路"倡议应运而生。前者强调在追求本国利益的同时，要兼顾他国合理关切，促进各国共同发展；后者旨在通过加强国家间的经济合作与文化交流，共同应对全球性挑战，实现共同发展。这二者不仅符合上合组织的合作宗旨，也为该组织的发展注入了新的动力。通过倡导平等、互利、共赢的合作模式，人类命运共同体理念和"一带一路"倡议为上合组织成员国提供了更加广阔的视野和更加坚实的合作基础。可以说，它们不仅是对全球化时代国际关系的新诠释，更是对上合组织发展的新指引。不仅为成员国提供了一个共同的价值观平台和全球经济文化链接的规划，也为推动构建新型国际关系、促进世界和平与发展注入了强大的正能量。

可以说，人类命运共同体理念是在总结包括上海合作组织在内的多边合作经验基础上，为解决全球性挑战提出的超越意识形态对立的治理方案。而

"一带一路"倡议则规划了与历史相辉映的一张有张力的、可发散的国际互联互通、合作共赢、普遍安全的恢宏图景。它们倡导通过像上海合作组织或其他多种形式的多边合作机制，在互补与协同中去实现人类命运共同体的共同发展、繁荣和安全。通过"一带一路"倡议等多边合作项目和上合组织的合作宗旨，中国不仅为共建国家带来经济红利，也增强了其在全球范围内的影响力与吸引力。

通过基础设施互联互通、贸易投资便利化和金融合作，提升了区域内的资源配置效率，促进了各国经济的共同发展；通过经济合作和发展，消除贫困和不稳定因素，推动区域内的和平与繁荣，为地区的长治久安奠定基础。通过多边合作，各国在平等互利的基础上共同应对全球化带来的挑战，实现合作共赢、共同繁荣的目标。通过上海合作组织和各层级多边双边关系的发展，中国展示了负责任大国的形象，赢得了国际社会的广泛认可。

中亚地区的基础设施项目和金融合作机制是三者相辅相成的杰出案例。中亚地区是"一带一路"建设的重要组成部分。中国通过"一带一路"倡议，积极参与中亚地区的基础设施建设，如中国—中亚天然气管道、中吉乌铁路项目等，这些项目不仅提升了中亚地区的基础设施水平，也促进了SCO框架下的区域互联互通；在"一带一路"建设中，中国与SCO成员国通过建立多边金融合作机制，如亚投行、丝路基金等，为"一带一路"项目的实施提供了资金支持。这些金融合作机制，有效解决了"一带一路"项目的资金短缺问题，推动了项目的顺利进行。

中白关系也是"一带一路"上的合作典范，是人类命运共同体思想的现实结晶。中国以建立全球伙伴关系为起点，积极在双边和跨区域层面推进构建人类命运共同体实践探索，倡议践行和平、发展、公平、正义、民主、自由的全人类共同价值，并推动构建网络空间命运共同体、核安全命运共同体、人类卫生健康共同体等多个全球层面的命运共同体。白俄罗斯是最早响应构建人类命运共同体理念的国家之一。双方共同推动构建人类命运共同体，充分体现在两国联合声明等政治文件和双多边合作的实践之中。白方积极响应和参与"一带一路"倡议、全球发展倡议、全球安全倡议和全球文明倡议，为推动构建人类命运共同体做出了弥足珍贵的努力。国际舞台上，中白相携互助。中方始终坚定支持白方捍卫国家主权和民族尊严，反对外部势力干涉白俄罗斯内政。白方率先响应并积极参与中方提出的全球发展倡议、全球安全倡议和全球文明倡议。两国致力于捍卫以联合国为核心的国际体系和以国际法为基础的国际秩序，推动国家或地区间矛盾冲突政治解决，是维护国际公平正义、构建人类命运共同体的同道者。

二　中白未来合作互利的发展潜能与历史机遇

建交以来，中白关系快速发展并达到了全天候全面战略伙伴关系的高度。双方政治上高度互信，在涉及彼此核心利益问题上相互坚定支持，国际协作卓有成效。中白共建"一带一路"合作扎实推进，中白工业园等重点项目经济效益持续显现。双方人文交流和地方合作不断开花结果。在良好的基础上，中白关系的未来将在坚实的基础上呈现更加巨大的潜力，赢得更多合作发展的机遇。

（一）多年相向而行为未来发展提供良好基础和发展潜能

2023 年中白建立了全天候全面战略伙伴关系，在国际形势纷繁复杂、全球治理体系变革调整的背景下，中白关系展现更加自信从容的风采，各领域合作迈出了坚实有力的步伐。两国关系的战略性、全面性、全天候特点在各个维度得以充分体现，这些都为两国关系未来发展提供良好基础和进一步深化的可能性。

政治交往彰显高度。2023 年的年初、年底，卢卡申科总统两度访华并同习近平主席举行会见、会谈，这一罕见安排充分彰显了两国关系的高水平和双方高度政治互信。两国元首共同签署《联合声明》，为全面双边关系发展谋篇布局，为双方各领域合作提供行动指南。此外，两国总理实现线下会晤，中白政府间合作委员会第五次会议顺利举行，立法机构领导人举行视频会议，两国外交、国防、农业、商务、卫生等领域政府部门及政党领导人通过访问、会见、通话、信函等方式保持密切交往，推动两国元首共识得到全面有效落实。

国际协作凸显力度。中白延续在联合国等多边平台的良好协作传统，就关乎双方核心利益和地区安全稳定的国际事务保持密切沟通。白方坚定奉行一个中国原则，在涉及中方核心利益的问题上一如既往坚定支持中方，积极响应并参与习近平主席提出的共建"一带一路"倡议、全球发展倡议、全球安全倡议和全球文明倡议合作。中方继续支持白方为维护国家稳定和发展所做努力，反对外部势力干涉白俄罗斯内政和对白俄罗斯实施非法单边制裁。在2023年7月举行的上海合作组织成员国元首理事会会议上，各方签署了关于白俄罗斯加入本组织义务的备忘录，这为中白深化国际协作提供了新的契机。

经贸合作体现深度。2023年，中国作为白俄罗斯第二大贸易伙伴国地位继续巩固。2023年前7个月中白贸易额就已超过2022年，全年更是高达84.43亿美元，同比增长67.3%。双方结束《中国和白俄罗斯服务贸易与投资协定》草案文本主要条款谈判并启动市场准入谈判。白方派高级别代表团参加第三届"一带一路"国际合作高峰论坛。两国共建"一带一路"标志性项目取得新发展，中白工业园新增入园企业26家，截至2023年底企业总数达120家；全循环高科技农工综合体项目正式运营一年，为当地创造约2000个就业岗位；白俄罗斯吉利汽车生产项目产量再创新高。① 两国数字经济合作展现新气象，中国京东、抖音等电商平台上"白俄罗斯国家馆"热度攀升、粉丝量破百万，白俄罗斯的优质农产品和食品广受中国消费者好评。

人文交流展现广度。2023年是中白人文合作开拓进取的一年，《习近平谈治国理政》第一卷白俄罗斯文版首发式暨中白治国理政研讨会在白成功举办，中国-白俄罗斯大学联盟正式成立，中白新材料"一带一路"技术转

---

① 中国驻白俄罗斯大使馆．谢小用大使在《欧洲时报》发表署名文章《奋楫扬帆正当时 百尺竿头开新篇》［EB/OL］．（2024-02-04）［2024-10-09］https：//mp.weixin.qq.com/s?__biz=MzIzMTAzNzU4OQ==&mid=2247489442&idx=1&sn=ceaafdd4351163555b04378494e8d215&chksm=e8ab1858dfdc914e45a444185ab41a83a83885c7c7b0c950bdffad165ecfe485c86d424a3d11&scene=27．

移中心成功揭牌，中白首部合拍电影签约仪式顺利举行。这些活动不仅为双边关系增色添彩，也为两国文明互鉴打开了更多窗口，为两国民众相知相亲架起了更多桥梁。此外，中白按计划实施各类科技合作项目，顺利举办第三届中白创新论坛、中白机械智能制造创新发展论坛。在白汉语教学普及度持续提升，双方如期举行第六届白俄罗斯青年汉学家研讨会、"汉语桥"世界大中小学生中文比赛白俄罗斯赛区选拔赛，白俄罗斯成为俄语地区仅次于俄罗斯的中国第二大留学目的地国。"茶和天下·雅集"活动在白俄罗斯引发好评，"欢乐春节""天涯共此时"等文化品牌活动在白俄罗斯广受欢迎。

地方交往显现热度。随着新冠疫情阴霾褪去，中白地方交往迅速升温，"地方合作年"圆满收官。辽宁省、山西省分别同白俄罗斯布列斯特州，河北省、新疆维吾尔自治区分别同白俄罗斯戈梅利州，西安市同莫吉廖夫州建立友好省州（区州）或友好城市关系。目前两国友好省州和友城数量达到40多对，白俄罗斯6个州和首都明斯克市都与中国至少2个省份建立了友好省州或友城关系。此外，白俄罗斯6州1市均派出高规格代表团、携众多优质企业参加2020年11月举行的中国国际进口博览会，全方位展现白俄罗斯农业、工业、科技创新和文旅魅力，成为两国地方交往的又一佳话。

中白建交史证明，中白关系持续深入发展完全符合两国和两国人民根本利益，也有利于地区和世界的和平与稳定。

（二）中白开展互利合作将迎来更难得的历史机遇

在人类命运共同体理念下，无论是在上海合作组织框架下还是更广阔的世界范围内，建立了全天候全面战略伙伴关系的中白两国，进一步发展全方位的互利合作有着坚实的基础和巨大的机遇。

一是高水平政治互信为中白合作提供坚实保障。作为中白关系的掌舵者和领航人，习近平主席和卢卡申科总统建立了高度互信和亲密友谊，在历次交往中就双边关系、各领域合作以及国际和地区问题深入交换意见并达成一系列重要共识。两国政府间合作委员会运行顺畅，各层级、各部门保持频密交往势头，推动两国政治互信转化为实际成果。在国际舞台，中白始终尊重并支持对方自主选择的发展道路和内外政策，在涉及彼此核心利益的问题上相互坚定支持，有效维护双方主权、安全和发展利益。两国高水平的政治互信不仅体现在建立全天候全面战略伙伴关系这一高层级国家间关系，也必将为今后进一步发掘中白各领域合作的潜力和机遇提供坚实的政治保障。

二是中方全球性倡议为中白合作搭建广阔舞台。近年来，面对各国人民求和平、谋发展、促合作的普遍诉求，习近平主席在构建人类命运共同体框架下相继提出全球发展倡议、全球安全倡议、全球文明倡议，为解决人类面临的共同问题提供了中国方案。继积极响应和参与"一带一路"倡议后，白方率先响应和积极参与上述倡议。这充分体现了中白在发展观、安全观、文明观上的共通性。中白围绕"三大倡议"开展对接合作前景广阔，不仅有利于两国自身的发展和安全，也有利于世界和平与安全、发展与繁荣及其文明交流互鉴。

三是中白务实合作前景广阔。中国作为世界第二大经济体，拥有雄厚的资金、产业链、技术、管理经验和市场优势，白俄罗斯拥有丰富的自然资源和坚实的工农业基础。这为双方在农产品贸易、工业生产、金融投资、跨境运输等传统领域和数字经济、绿色经济、中医药等新兴领域合作带来了巨大机遇。

面向未来，中国将继续同包括白俄罗斯在内的国际社会一道，通过丰富多彩的形式和途径加强交流、相互理解，深入践行全球文明倡议，在包容"不同"中寻求"共同"，在尊重"差异"中谋求"大同"，致力于推动世界各国经济、人文交流、文化交融、民心相通全面发展，携手谱写构建人类命运共同体的新篇章。

三　中白未来积极协作的逻辑内涵和坚实基础

白俄罗斯和中国之间的合作成为新型国际关系的典范，中白互利合作发展到今天，有其深刻的逻辑内涵。

（一）中白互利合作的逻辑内涵得到双方认可

在人类命运共同体理念引领下，政治互信、国际协作、务实合作和传统友好是中白高质量共建"一带一路"的逻辑内涵。

一是政治互信是中白关系的政治根基。双方秉持世代友好、合作共赢理念，坚定支持彼此走符合本国国情的发展道路，支持彼此发展振兴。高层交往发挥重要战略引领作用。特别是习近平主席和卢卡申科总统建立了密切工作联系和个人友谊，为两国关系和各领域合作做出顶层设计。两国关系在发展中愈加成熟、坚韧，不断提质升级，跃升至全天候全面战略伙伴关系的高度。

白方高度认可白中关系的成就，白俄罗斯外交部长阿列伊尼克在庆祝中白建交32周年招待会上致辞时表示：自1992年白中建交以来，得益于两国元首的高瞻远瞩，双边关系实现了"三连跳"。两国政治互信不断深化，白中在涉及彼此核心利益的问题上相互坚定支持。白俄罗斯坚决支持一个中国原则，因为这一原则是地区稳定的关键。两国坚决抵制干涉他国内政和无理的单边制裁。白方全力支持习近平主席提出的共建"一带一路"倡议、全球发展倡议、全球安全倡议、全球文明倡议等理念主张。双方在联合国、上海合作组织和金砖国家等国际舞台上的协作达到全新高度。[①] 两国经贸合作日益密切，建交以来，中白双边贸易额增长近140倍。中白巨石工业园已成为共建"一带一路"合作中的重要支点，吸引来自全球14个国家的121家居民企业入驻。两国人文交流持续升温，白俄罗斯每个州和明斯克市都与中国的三个或三个以上省市建立了友好关系。2023年成为中白"铁哥们儿"关系史上里程碑式的一年。卢卡申科总统两次访华取得圆满成功。中白政府间合作委员会会议顺利召开，双方签署多项战略性文件，有力推动两国务实合作朝着联合技术开发与投资合作新模式发展。中白政府和商界伙伴密切协同配合，取得了诸多可喜成绩。[②]

展望未来，中白将加强技术和投资合作，携手开启"科技创新合作年"，

---

① 中国驻白俄罗斯大使馆. 中国驻白俄罗斯使馆隆重举行庆祝中白建交32周年招待会［EB/OL］.（2024-01-24）［2024-10-09］. https://mp.weixin.qq.com/s?__biz=MzIzMTAzNzU4OQ==&mid=2247489391&idx=1&sn=412c2f79e721327fd2005c5763497cfb&chksm=e8ab1895dfdc9183f232edc456b0c71dc371a423e39fe9c9303cdd37af4d917a3fa7df526a24&scene=27.

② 同上.

不断深化人文合作，为白"质量年"添砖加瓦。相信在两国共同努力下，中白双边贸易额必将再创新高。

二是务实合作是中白关系的物质基础。中国稳居白俄罗斯第二大贸易伙伴国地位，白俄罗斯是中国在欧亚地区增长最快的贸易伙伴之一。双方互利合作互补性强，潜力巨大。两国务实合作以共建"一带一路"为主线，以中白工业园等一大批标志性项目为重点，机械制造、农业生产、生物技术等传统领域合作稳步推进，数字经济、绿色经济等新兴领域合作蓄势待发，地方合作和科技交流方兴未艾。

三是传统友好是中白关系的民意支撑。中白两国人民在世界反法西斯战争中并肩作战，用鲜血凝结出兄弟情谊。有不少中国公民参加了苏联的卫国战争。其中，最有代表性的人物是中国飞行员唐铎。他作为苏军空中射击团副团长直接参与了解放明斯克的空战，因战功卓著荣获列宁金质勋章。2015年，习近平主席访白期间专程会见了 15 名白俄罗斯二战老战士代表。他们中有 11 人曾在中国东北参加中国军民对日本作战，为中国人民抗日战争胜利做出了积极贡献。在世纪新冠疫情斗争中，中白两国守望相助，诠释了"患难见真情"的真正含义。

四是不同文明间相互尊重和平等对话是共识。2023 年 6 月 7 日，第 78 届联合国大会协商一致通过中国提出的设立"文明对话国际日"决议，并将 6 月 10 日设立为文明对话国际日。这一决议得到了国际社会的热烈响应和广泛支持，共有 15 个国家参加决议核心小组，包括白俄罗斯在内的 83 个国家参加联署。此次联合国大会关于设立文明对话国际日的决议，充分体现了全球文明倡议的核心要义。联合国大会决议强调，所有文明成就都是人类社会的共同财富，倡导尊重文明多样性，突出强调文明对话对维护世界和平、促进共同发展、增进人类福祉、实现共同进步的重要作用，倡导不同文明间的平等对话和相互尊重，这些理念都与中国主张相呼应。泰国泰中"一带一路"研究中心主任威伦·披差翁帕迪认为，决议的通过体现了各方在尊重文明多样性方面存在重要共识，文明对话国际日的设立在推动人类文明交流互鉴、世界和平发展的进程中具有重大意义。①

文明对话国际日的设立，将为不同文明间消除偏见误解、增进理解信任发挥重要作用。中国将与国际社会一道，为推动文明交流互鉴、促进世界和平发展做出不懈努力，为繁荣世界文明百花园贡献更多智慧和方案。文明对话国际日的设立，是中国为国际社会提供的又一重要公共产品，有助于推动国际社会聚焦文明对话议题，消弭文明冲突、促进文明互鉴、增进文明共识，推动全球文明发展进步。在多重危机挑战交织叠加、世界进入新的动荡变革期的当下，文明对话国际日的设立可谓正逢其时、众望所归、意义重大。

（二）中白未来的积极协作得到双方共同的机制保障

密切高效的协作是中白全天候全面战略伙伴关系的重要举措，两国在联合国、上海合作组织、亚洲相互协作与信任措施会议等多边框架内开展全面合作，为构建新型国际关系、应对全球性威胁挑战做出积极贡献。如上文所述，双方对国际关系和全球治理的观点集中反映在两国元首 2022 年 9 月和2023 年 3 月分别签署的《中华人民共和国和白俄罗斯共和国关于建立全天候全面战略伙伴关系的联合声明》和《中华人民共和国和白俄罗斯共和国关于新时代进一步发展两国全天候全面战略伙伴关系的联合声明》（以下简称《联合声明》）两份重要文件中。具体如下。

中白双方对国家间关系的看法一致，尊重和支持彼此根据本国国情选择的发展道路和内外政策，主张在相互尊重、平等互利的基础上开展友好往来，反对在民主和人权问题上搞双重标准、利用民主和人权问题干涉别国内政，共同致力于构建新型国际关系，深化拓展平等、开放、合作的全球伙伴关系，携手构建人类命运共同体。

双方在重大国际和地区问题上立场高度一致，共同维护以联合国为核心的国际体系、以《联合国宪章》宗旨和原则为基础的国际关系基本准则，主张切实遵循《联合国宪章》的宗旨和原则，和平解决国际争端和热点问

---

① 新华社. 为世界和平发展人类繁荣进步注入文明力量——国际社会热烈欢迎联合国设立文明对话国际日 [EB/OL]. (2024-06-09) [2025-04-27]. https：//baijiahao. baidu. com/s? id =1801352964711298673&wfr = spider&for = pc.

题，反对动辄诉诸武力或以武力相威胁，反对任何捏造、歪曲二战历史的行径，坚决反对一切形式的霸权主义和强权政治。

双方对全球治理的理念一致，认同和平、发展、公平、正义、民主、自由的全人类共同价值，致力于深化拓展平等、开放、合作的全球伙伴关系。白方积极参与共建"一带一路"合作，认同中方提出的创新、协调、绿色、开放、共享的新发展理念，支持中方提出的全球发展倡议、全球安全倡议和全球文明倡议，为落实《联合国2030年可持续发展议程》凝聚合力。

2022年9月，习近平主席同卢卡申科总统在撒马尔罕共同宣布将中白关系提升为全天候全面战略伙伴关系。之后，双方站在中白关系新起点上持续深化各领域合作，高效落实两国元首达成的各项战略共识，持续推进《联合声明》中的各领域合作项目，取得了一系列可喜成就。

建交以来，中白关系经受了国际风云变幻的考验，不断取得新的突破。特别是近年来，在两国领导人的战略引领和亲自推动下，中白各领域合作取得丰硕成果。双方在涉及彼此核心利益的问题上相互支持，在国际事务中保持密切协调。中国已成为白俄罗斯第二大贸易伙伴，白俄罗斯是中国在欧亚地区的重要贸易伙伴。两国教育、科技、文化、卫生等领域的合作不断开花结果。在新冠疫情全球肆虐之际，两国互相援助抗疫物资，彼此分享诊疗经验，两国人民在各层次、全方位、多维度交往交流中相知相亲。"欢乐春节""茶和天下"等在白俄罗斯举办的各类人文交流活动已成为中国的闪亮名片，每场活动万人空巷的盛况充分反映了白俄罗斯人民对中国文化的喜爱，也印证了中白友好具有广泛的社会民意基础。站在双边关系新的历史起点上，中白合作前途光明、前景广阔。

构建人类命运共同体理念不断发展完善，形成了以推动建设持久和平、普遍安全、共同繁荣、开放包容、清洁美丽的世界为总目标，以构建新型国际关系为根本路径，以全人类共同价值为价值体系，以"一带一路"为实践平台，以全球发展倡议、全球安全倡议、全球文明倡议"三大倡议"为重要理念和实践依托的科学理论体系。这一理念反映了各国人民共同心声，

凝聚了国际社会广泛共识，彰显了以人民为中心的全球发展观，共同、综合、合作、可持续的全球安全观，弘扬平等、互鉴、对话、包容的全球文明观，是突破和超越以往西方霸权理论与行为的国际公共产品，集中体现了新时代中国的世界观。

正如习近平主席所说，构建人类命运共同体是一个美好的目标，也是一个需要一代又一代人接力才能实现的目标。这一宏伟而美好的人类发展前景离不开中白两国和两国人民的参与。

中国式现代化道路打破了"国强必霸"的陈旧逻辑，拓展了发展中国家走向现代化的途径。面对单边主义、保护主义、霸权主义等对世界和平与发展的威胁，中国以构建人类命运共同体为目标，先后为世界提供共建"一带一路"倡议、全球发展倡议、全球安全倡议、全球文明倡议等公共产品。全球发展倡议、全球安全倡议、全球文明倡议"三大倡议"彰显了以人民为中心的全球发展观，共同、综合、合作、可持续的全球安全观，弘扬平等、互鉴、对话、包容的全球文明观，为在世界百年未有之大变局中走出通往世界和平与发展、文明交流与互鉴之路指明了方向。

"一带一路"倡议和"人类命运共同体"理念既是理论组合，也是现实开拓，"一带一路"建设与上海合作组织的关系密切，两者在基础设施建设、经贸合作、金融支持和人文交流等方面具有高度的契合性，"人类命运共同体"是其内在理念支撑。通过合作，两者不仅促进了区域内的经济发展和互联互通，也提升了国际影响力，维护了区域和平与稳定。未来，随着"一带一路"建设的深入推进和上海合作组织框架下合作机制的不断完善，区域内双边和多边关系以及区域内的合作将继续向前发展，为实现共同繁荣做出更大贡献。

图书在版编目（CIP）数据

中国与白俄罗斯高质量共建"一带一路"研究／杨
青著 . -- 北京：社会科学文献出版社，2025.5.
ISBN 978-7-5228-5391-8

Ⅰ.F125.551.14

中国国家版本馆 CIP 数据核字第 2025JC4460 号

中国与白俄罗斯高质量共建"一带一路"研究

著　　者／	杨　青
出 版 人／	冀祥德
责任编辑／	史晓琳
责任印制／	岳　阳

出　　　版／社会科学文献出版社·经济与管理分社（010）59367226
　　　　　　地址：北京市北三环中路甲 29 号院华龙大厦　邮编：100029
　　　　　　网址：www.ssap.com.cn
发　　　行／社会科学文献出版社（010）59367028
印　　　装／三河市东方印刷有限公司

规　　　格／开　本：787mm×1092mm　1/16
　　　　　　印　张：12.75　字　数：200 千字
版　　　次／2025 年 5 月第 1 版　2025 年 5 月第 1 次印刷
书　　　号／ISBN 978-7-5228-5391-8
定　　　价／118.00 元

读者服务电话：4008918866